suhrkamp taschenbuch 2107

Gerhard Kaiser
Geschichte der deutschen Lyrik
von Goethe bis zur Gegenwart
Band 2

Gedichte zeigen die Innenseite der Geschichte. Sie sind mehr als die Darstellung dessen, was ist. Sie artikulieren Erfahrungen, Wünsche und Ängste. Sie sind auch imaginative Entwürfe, spielerische Erprobungen, wie gelebt, gefühlt und gehandelt werden soll.

Dieser Band der Geschichte der deutschen Lyrik reicht von Heine bis zur Gegenwart. Der vorhergehende führte von Goethe bis zu Heine. Damit liegt seit vielen Jahren erstmals eine einläßliche Gesamtdarstellung der neueren deutschen Lyrik aus der Sicht eines wissenschaftlichen Autors vor. Statt der geläufigen Addition von Einzelbeiträgen verschiedener Verfasser herrscht Integration.

Mit dem Tod Goethes sah Heine das ›Ende der Kunstperiode‹ kommen. Empirische Wissenschaften, Technik, Industrie, moderne Verkehrsmittel und Medien, politische und soziale Massenbewegung lassen eine Welt entstehen, die in ihrer brutalen Tatsächlichkeit auf Philosophie und Dichtung herausfordernd und zugleich abweisend wirkt. Die Lyrik kommt zu einem Fächer sehr verschiedenartiger Antworten auf diese Situation. Neben politischer Parteinahme und sozialem Engagement steht die lyrische Einkreisung des sinnlos Vorhandenen; neben dem Entzug in künstliche Paradiese und magisch evozierte Symbolräume der Natur findet sich die aggressive Umsetzung von Entfremdungserfahrungen in der Mythisierung und Dämonisierung der gesellschaftlichen Mächte; neben dem Gedicht als utopischer und elegischer Evokation dessen, was nicht ist, aber sein sollte, überdauert die in der Goethezeit dominierende Erlebnislyrik. Sie wird seit der Mitte des 19. Jahrhunderts zu Transformationen geführt, in denen sich die fortschreitende Problematisierung des Individualitätskonzepts der Goethezeit darstellt. Doch sogar das Ich, das seine Auflösung artikuliert und sich programmatisch widerruft, tut es mit individueller Stimme. Es kann nicht sterben, solange es spricht – die Lyrik bezeugt es.

Die Darstellung sucht immer wieder im einzelnen Gedicht die Geschichte auf, die es in sich trägt. Gedichte haben die Kraft, die in uns sedimentierten Erfahrungen in Bewegung zu setzen. Sie verhelfen dem zur Sprache, was stumm in uns liegt.

Gerhard Kaiser
Geschichte der deutschen Lyrik von Heine bis zur Gegenwart

Ein Grundriß in Interpretationen
Dritter Teil: Die Gedichte

suhrkamp taschenbuch
materialien

Suhrkamp

suhrkamp taschenbuch 2107
Erste Auflage 1991
© Suhrkamp Verlag Frankfurt am Main 1991
Suhrkamp Taschenbuch Verlag
Alle Rechte vorbehalten, insbesondere das der Übersetzung,
des öffentlichen Vortrags
sowie der Übertragung durch Rundfunk und Fernsehen,
auch einzelner Teile.
Satz: Hümmer, Waldbüttelbrunn
Druck: Nomos Verlagsgesellschaft, Baden-Baden
Umschlagentwurf: Willy Fleckhaus
Printed in Germany

1 2 3 4 5 6 – 96 95 94 93 92 91

Inhalt

Verzeichnis der Gedichte

Die Autoren sind nach Geburtsjahr, ihre Gedichte alphabetisch geordnet. Links stehen die Nummern, unter denen die Gedichte in der Darstellung erscheinen, rechts steht die Seitenzahl dieses Textbandes. Wenn titellose Gedichte oder Gedichtfassungen interpretiert sind, findet sich im Verzeichnis der Gedichtanfang.

Anhang

Gedichte

Johann Wolfgang Goethe
(1749-1832)

IM HERBST 1775   1.

Fetter grüne du Laub
Das Rebengeländer
Hier mein Fenster herauf
Gedrängter quillet
Zwillingsbeeren, und reifet
Schneller und glänzend voller
Euch brütet der Mutter Sonne
Scheideblick, euch umsäuselt
Des holden Himmels
Fruchtende Fülle.
Euch kühlet des Monds
Freundlicher Zauberhauch
Und euch bethauen, Ach!
Aus diesen Augen
Der ewig belebenden Liebe
Vollschwellende Trähnen.

KÖNIGLICH GEBET   2.

Ha, ich bin Herr der Welt! mich lieben
Die Edlen, die mir dienen.
Ha, ich bin Herr der Welt! ich liebe
Die Edlen, denen ich gebiete.
O gib mir, Gott im Himmel! daß ich mich
Der Höh und Liebe nicht überhebe.

3.   MIGNON

Kennst du das Land, wo die Citronen blühn,
Im dunkeln Laub die Gold-Orangen glühn,
Ein sanfter Wind vom blauen Himmel weht,
Die Myrte still und hoch der Lorbeer steht,
Kennst du es wohl?
                                Dahin! Dahin
Möcht' ich mit dir, o mein Geliebter, ziehn.

Kennst du das Haus? Auf Säulen ruht sein Dach,
Es glänzt der Saal, es schimmert das Gemach,
Und Marmorbilder stehn und sehn mich an:
Was hat man dir, du armes Kind, gethan?
Kennst du es wohl?
                                Dahin! Dahin
Möcht' ich mit dir, o mein Beschützer, ziehn.

Kennst du den Berg und seinen Wolkensteg?
Das Maulthier sucht im Nebel seinen Weg;
In Höhlen wohnt der Drachen alte Brut;
Es stürzt der Fels und über ihn die Fluth,
Kennst du ihn wohl?
                                Dahin! Dahin
Geht unser Weg! o Vater, laß uns ziehn!

Annette Freiin von Droste-Hülshoff
(1797-1848)

DIE ÄCHZENDE KREATUR 4.

An einem Tag, wo feucht der Wind,
Wo grau verhängt der Sonnenstrahl,
Saß Gottes hartgeprüftes Kind
Betrübt am kleinen Gartensaal.
Ihr war die Brust so matt und enge,
Ihr war das Haupt so dumpf und schwer,
Selbst um den Geist zog das Gedränge
Des Blutes Nebelflore her.

Gefährte Wind und Vogel nur
In selbstgewählter Einsamkeit,
Ein großer Seufzer die Natur,
Und schier zerflossen Raum und Zeit.
Ihr war, als fühle sie die Flut
Der Ewigkeit vorüberrauschen
Und müsse jeden Tropfen Blut
Und jeden Herzschlag doch belauschen.

Sie sann und saß und saß und sann,
Im Gras die heisre Grille sang,
Vom fernen Felde scholl heran
Ein schwach vernommner Sensenklang.
Die scheue Mauerwespe flog
Ihr ängstlich ums Gesicht, bis fest
Zur Seite das Gewand sie zog,
Und frei nun ward des Tierleins Nest.

Und am Gestein ein Käfer lief,
Angstvoll und rasch wie auf der Flucht,
Barg bald im Moos sein Häuptlein tief,

Bald wieder in der Ritze Bucht.
Ein Hänfling flatterte vorbei,
Nach Futter spähend, das Insekt
Hat zuckend bei des Vogels Schrei
In ihren Ärmel sich versteckt.

Da ward ihr klar, wie nicht allein
Der Gottesfluch im Menschenbild,
Wie er in schwerer, dumpfer Pein
Im bangen Wurm, im scheuen Wild,
Im durst'gen Halme auf der Flur,
Der mit vergilbten Blättern lechzt,
In aller, aller Kreatur
Gen Himmel um Erlösung ächzt.

Wie mit dem Fluche, den erwarb
Der Erde Fürst im Paradies,
Er sein gesegnet Reich verdarb
Und seine Diener büßen ließ;
Wie durch die reinen Adern trieb
Er Tod und Moder, Pein und Zorn,
Und wie die Schuld allein ihm blieb
Und des Gewissens scharfer Dorn.

Der schläft mit ihm und der erwacht
Mit ihm an jedem jungen Tag,
Ritzt seine Träume in der Nacht
Und blutet über Tage nach.
O schwere Pein, nie unterjocht
Von tollster Lust, von keckstem Stolze,
Wenn leise, leis es nagt und pocht
Und bohrt in ihm wie Mad' im Holze.

Wer ist so rein, daß nicht bewußt
Ein Bild ihm in der Seele Grund,
Drob er muß schlagen an die Brust
Und fühlen sich verzagt und wund?
So frevelnd wer, daß ihm nicht bleibt

Ein Wort, das er nicht kann vernehmen,
Das ihm das Blut zur Stirne treibt
Im heißen, bangen, tiefen Schämen?

Und dennoch gibt es eine Last,
Die keiner fühlt und jeder trägt,
So dunkel wie die Sünde fast
Und auch im gleichen Schoß gehegt;
Er trägt sie wie den Druck der Luft,
Vom kranken Leibe nur empfunden,
Bewußtlos, wie den Fels die Kluft,
Wie schwarze Lad' den Todeswunden.

Das ist die Schuld des Mordes an
Der Erde Lieblichkeit und Huld,
An des Getieres dumpfem Bann
Ist es die tiefe, schwere Schuld,
Und an dem Grimm, der es beseelt,
Und an der List, die es befleckt,
Und an dem Schmerze, der es quält,
Und an dem Moder, der es deckt.

DIE JAGD   5.

Die Luft hat schlafen sich gelegt,
Behaglich in das Moos gestreckt;
Kein Rispeln, das die Kräuter regt,
Kein Seufzer, der die Halme weckt.
Nur eine Wolke träumt mitunter
Am blassen Horizont hinunter,
Dort, wo das Tannicht überm Wall
Die dunkeln Kandelaber streckt.

Da horch, ein Ruf, ein ferner Schall:
»Hallo! hoho!« so lang gezogen,
Man meint, die Klänge schlagen Wogen
Im Ginsterfeld, und wieder dort:

»Hallo! hoho!« – am Dickicht fort
Ein zögernd Echo, – alles still!
Man hört der Fliege Angstgeschrill
Im Mettennetz, den Fall der Beere,
Man hört im Kraut des Käfers Gang,
Und dann wie zieh'nder Kranichheere
Kling klang! von ihrer luft'gen Fähre,
Wie ferner Unkenruf: Kling! klang!
Ein Läuten das Gewäld entlang –
Hui schlüpft der Fuchs den Wall hinab
Er gleitet durch die Binsenspeere,
Und zuckelt fürder seinen Trab:
Und aus dem Dickicht, weiß wie Flocken,
Nach stäuben die lebend'gen Glocken,
Radschlagend an des Dammes Hang;
Wie Aale schnellen sie vom Grund,
Und weiter, weiter, Fuchs und Hund. –
Der schwankende Wacholder flüstert,
Die Binse rauscht, die Heide knistert,
Und stäubt Phalänen um die Meute.
Sie jappen, klaffen nach der Beute,
Schaumflocken sprühn aus Nas' und Mund.
Noch hat der Fuchs die rechte Weite,
Gelassen trabt er, schleppt den Schweif,
Zieht in dem Taue dunklen Streif
Und zeigt verächtlich seine Socken.
Doch bald hebt er die Lunte frisch,
Und, wie im Weiher schnellt der Fisch,
Fort setzt er über Kraut und Schmelen,
Wirft mit den Läufen Kies und Staub;
Die Meute mit geschwollnen Kehlen
Ihm nach, wie rasselnd Winterlaub.
Man höret ihre Kiefern knacken,
Wenn fletschend in die Luft sie hacken;
In weitem Kreise so zum Tann,
Und wieder aus dem Dickicht dann
Ertönt das Glockenspiel der Bracken.

Was bricht dort im Gestrüppe am Revier?
Im holprichten Galopp stampft es den Grund;
Ha! brüllend Herdenvieh! voran der Stier,
Und ihnen nach klafft ein versprengter Hund.
Schwerfällig poltern sie das Feld entlang,
Das Horn gesenkt, waagrecht des Schweifes Strang,
Und taumeln noch ein paarmal in die Runde,
Eh Posto wird gefaßt im Heidegrunde.
Nun endlich stehn sie, murren noch zurück,
Das Dickicht messend mit verglastem Blick,
Dann sinkt das Haupt, und unter ihrem Zahne
Ein leises Rupfen knirrt im Thymiane;
Unwillig schnauben sie den gelben Rauch,
Das Euter streifend am Wacholderstrauch,
Und peitschen mit dem Schweife in die Wolke
Von summendem Gewürm und Fliegenvolke.
So, langsam schüttelnd den gefüllten Bauch,
Fort grasen sie bis zu dem Heidekolke.

Ein Schuß: »Hallo!« – ein zweiter Schuß: »Hoho!«
Die Herde stutzt, des Kolkes Spiegel kraust
Ihr Blasen, dann die Hälse streckend, so
Wie in des Dammes Mönch der Strudel saust,
Ziehn sie das Wasser in den Schlund, sie pusten,
Die kranke Sterke schaukelt träg herbei,
Sie schaudert, schüttelt sich in hohlem Husten,
Und dann – ein Schuß, und dann – ein Jubelschrei!

Das grüne Käppchen auf dem Ohr,
Den halben Mond am Lederband,
Trabt aus der Lichtung rasch hervor
Bis mitten in das Heideland
Ein Weidmann ohne Tasch und Büchse;
Er schwenkt das Horn, er ballt die Hand,
Dann setzt er an, und tausend Füchse
Sind nicht so kräftig totgeblasen,
Als heut es schmettert übern Rasen.

»Der Schelm ist tot, der Schelm ist tot!
Laßt uns den Schelm begraben!
Kriegen ihn die Hunde nicht,
Dann fressen ihn die Raben.
Hoho hallo!«

Da stürmt von allen Seiten es heran,
Die Bracken brechen aus Genist und Tann;
Durch das Gelände sieht in wüsten Reifen
Man johlend sie um den Hornisten schweifen.
Sie ziehen ihr Geheul so hohl und lang,
Daß es verdunkelt der Fanfare Klang,
Doch lauter, lauter schallt die Gloria,
Braust durch den Ginster die Viktoria:

»Hängt den Schelm! hängt den Schelm!
Hängt ihn an die Weide.
Mir den Balg und dir den Talg,
Dann lachen wir alle beide;
Hängt ihn! Hängt ihn!
Den Schelm, den Schelm! – –«

6.   INSTINKT

Bin ich allein, verhallt des Tages Rauschen,
Im frischen Wald, im braunen Heideland,
Um mein Gesicht die Gräser nickend bauschen,
Ein Vogel flattert an des Nestes Rand,
Und mir zu Füßen liegt mein treuer Hund,
Gleich Feuerwürmern seine Augen glimmen,
Dann kommen mir Gedanken, ob gesund,
Ob krank, das mag ich selber nicht bestimmen.

Ergründen möcht ich, ob das Blut, das grüne,
Kein Lebenspuls durch jene Kräuter trägt,
Ob Dionaea um die kühne Biene

Bewußtlos ihre rauhen Netze schlägt,
Was in dem weißen Sterne zuckt und greift,
Wenn er, die Fäden streckend, leise schauert,
Und ob, vom Duft der Menschenhand gestreift,
Gefühllos ganz die Sensitive trauert?

Und wieder muß ich auf den Vogel sehen,
Der dort so zürnend seine Federn sträubt,
Mit kriegerischem Schrei mich aus den Nähen
Der nackten Brut nach allen Kräften treibt.
Was ist Instinkt? – tiefsten Gefühles Herd;
Instinkt trieb auch die Mutter zu dem Kinde,
Als jene Fürstin, von der Glut verzehrt,
Als Heil'ge ward posaunt in alle Winde.

Und du, mein zott'ger Tremm, der schlafestrunken
Noch ob der Herrin wacht und durch das Grün
Läßt blinzelnd streifen seiner Blicke Funken,
Sag an, was deine klugen Augen glühn?
Ich bin es nicht, die deine Schale füllt,
Nicht gab der Nahrung Trieb dich mir zu eigen,
Und mit der Sklavenpeitsche kann mein Bild
Noch minder dir im dumpfen Hirne steigen.

Wer kann mir sagen, ob des Hundes Seele
Hinaufwärts oder ob nach unten steigt?
Und müde, müde drück ich in die Schmele
Mein Haupt, wo siedend der Gedanke steigt.
Was ist es, das ein hungermattes Tier,
Mit dem gestohlnen Brote für das bleiche
Blutrünst'ge Antlitz, in das Waldrevier
Läßt flüchten und verschmachten bei der Leiche?

Das sind Gedanken, die uns könnten töten,
Den Geist betäuben, rauben jedes Glück,
Mit tausendfachem Mord die Hände röten,
Und leise schaudernd wend ich meinen Blick.
O schlimme Zeit, die solche Gäste rief

In meines Sinnens harmlos lichte Bläue!
O schlechte Welt, die mich so lang und tief
Ließ grübeln über eines Pudels Treue!

Heinrich Heine
(1797-1856)

DOKTRIN   7.

Schlage die Trommel und fürchte dich nicht,
Und küsse die Marketenderin!
Das ist die ganze Wissenschaft,
Das ist der Bücher tiefster Sinn.

Trommle die Leute aus dem Schlaf,
Trommle Reveille mit Jugendkraft,
Marschiere trommelnd immer voran,
Das ist die ganze Wissenschaft.

Das ist die Hegelsche Philosophie,
Das ist der Bücher tiefster Sinn!
Ich hab sie begriffen, weil ich gescheit,
Und weil ich ein guter Tambour bin.

Eduard Mörike
(1804-1875)

8.   AUF EINE LAMPE

Noch unverrückt, o schöne Lampe, schmückest du,
An leichten Ketten zierlich aufgehangen hier,
Die Decke des nun fast vergeßnen Lustgemachs.
Auf deiner weißen Marmorschale, deren Rand
Der Efeukranz von goldengrünem Erz umflicht,
Schlingt fröhlich eine Kinderschar den Ringelreih'n.
Wie reizend alles! lachend, und ein sanfter Geist
Des Ernstes doch ergossen um die ganze Form –
Ein Kunstgebild' der echten Art. Wer achtet sein?
Was aber schön ist, selig scheint es in ihm selbst.

9.   JÄGERLIED

Zierlich ist des Vogels Tritt im Schnee,
Wenn er wandelt auf des Berges Höh':
Zierlicher schreibt Liebchens liebe Hand,
Schreibt ein Brieflein mir in ferne Land'.

In die Lüfte hoch ein Reiher steigt,
Dahin weder Pfeil noch Kugel fleugt:
Tausendmal so hoch und so geschwind
Die Gedanken treuer Liebe sind.

WEIHGESCHENK 10.

Von kunstfertigen Händen geschält, drei Äpfelchen, zierlich,
    Hängend an einem Zweig, den noch ein Blättchen umgrünt;
Weiß wie das Wachs ihr Fleisch, von lieblicher Röte
                       durchschimmert;
    Dicht aneinander geschmiegt, bärgen die nackten sich gern.
Schämet euch nicht, ihr Schwestern! euch hat ein Mädchen
                       entkleidet,
    Und den Chariten fromm bringet ein Sänger euch dar.

Ferdinand Freiligrath
(1810-1876)

11.   AUS SPANIEN
Exoriare aliquis nostris ex ossibus ultor.

Der Platz ist leer, das Volk hat sich verlaufen,
Der Dampf verflog, die Schüsse sind verhallt;
Nur hier und dort steht einsam noch ein Haufen,
Im Auge Zorn, die Hände starr geballt;
Husaren ziehn; – ein Tag der Schmach war euer!
Ihr goßt das Blei, das seine Brust zerriß!
Ihr schoßt es ab! Euch galt sein Wort: »Gebt Feuer!
. . . . Exoriare aliquis!«

»Gebt Feuer!« – ja, das hat er oft gesprochen,
Wenn er zu Roß durch eure Reihen flog;
Wenn zu der Hufe ungeduld'gem Pochen
Er nun sein Schwert, das makellose, zog!
Für Spaniens Heil, für eurer Waffen Ehre,
Wie hat er stets zu führen euch gewußt!
Heut lenkt' er wieder eure Feuerröhre,
– O Gott, auf seine eigne Brust!

Und wer verdammt ihn? – Er, der jetzt das Ruder
Des morschen Staats in ehrnen Händen hält!
Der Waffenbruder seinen Waffenbruder!
Nicht wahr – sie schliefen in demselben Zelt?
Ihr saht sie rasten oft in einer Scheuer?
Aus einem Becher tranken sie? – Gewiß!
Ihr saht es oft! – O Gott, und heute? – »Feuer!
. . . . Exoriare aliquis!«

So war sein Wunsch: »Laßt mich zu Pferde sitzen!
Ja, laßt mich steigen auf mein liebstes Pferd!

Noch einmal gern säh' ich mein Schwert erblitzen,
So wie es Reitern aus der Scheide fährt!
Den ich im Kampf erblickt auf tausend Seiten,
Dem ich seit Jahren dreist die Stirne bot,
Auch jetzt dem Tod möcht' ich entgegen reiten –
Gern stürb' ich einen Reiterstod!«

Er starb ihn nicht – er ward hinausgefahren!
Gesenkten Halses blieb daheim sein Roß;
Dicht lag der Staub auf seinen Mähnenhaaren,
Indes man draußen seinen Herrn erschoß!
Einförm'gen Hufschlags trat es sein Gemäuer –
Ha, lieber wahrlich knirscht' es ins Gebiß
Und stampfte wiehernd in den Zuruf: – »Feuer!
.... Exoriare aliquis!«

Schlank, hoch und herrlich trat er aus dem Wagen;
Dann küßt' er brünstig ein Marienbild.
»In allen Schlachten hab' ich dich getragen:
Was du vermochtest, hast du treu erfüllt!
Die dich mir gab, mein Weib hat dich gesegnet;
Geh zu ihr heim – getan ist deine Pflicht!
Du lenkst die Kugeln, so die Walstatt regnet,
Der Richtstatt Kugeln lenkst du nicht!« –

Dann, daß kein Blei an ihm vorüberpfeife,
Gab er den Schützen selber ihren Stand,
Und wies sie an und richtete die Läufe
Und riß sich auf sein blitzend Kriegsgewand;
Gab Ring und Kreuz dem Freunde drauf: – »Du Treuer!
Dies dem Regenten – meinem Weibe dies!
Zerbrich mein Schwert! Was zaudert ihr? Gebt Feuer!
.... Exoriare aliquis!«

Die Salve fiel: – was wollt ihr weiter wissen?
Die Salve fiel: – sein Auge zuckte nicht!
»Legt an, gebt Feur!« – Zerschmettert und zerrissen
Sank in den Staub sein edel Angesicht! –

So war sein Tod! Ich heiß' ihn einen schönen!
Es war ein mut'ger, ritterlicher Fall,
Und er verdient es, daß ihm Verse dröhnen,
Dumpf, wie gedämpfter Trommeln Schall.

Die ihr gehört – frei hab' ich sie verkündigt!
Ob jedem recht: – schiert ein Poet sich drum?
Seit Priams Tagen, weiß er, wird gesündigt
In Ilium und außer Ilium!
Er beugt sein Knie dem Helden Bonaparte
Und hört mit Zürnen d'Enghiens Todesschrei:
Der Dichter steht auf einer höhern Warte,
Als auf den Zinnen der Partei.

Drum auch: Soll ja, was jener ernst gesprochen,
Jetzt oder später in Erfüllung gehn,
Soll aus der Opfer blutbespritzten Knochen
Ein Held, ein Rächer flammend auferstehn: –
Nicht sei's für sie! Was einzelnen Altäre!
Dir nur, o Spaniens kriegszerrißne Mark,
Dir nur, du Land altritterlicher Ehre,
Zwei Arme wünsch' ich, fest und stark.

Unselig Land, dich wollt' ich, daß sie rächten!
Du liegst und stöhnst – kein Helfer tritt heran.
Du gleichst dem Stier in deinen Stiergefechten,
Der blutend zuckt und doch nicht sterben kann.
Die Völker sehn's, sie stehn geschart im Kreise!
Daß er dich rette, tritt kein einz'ger vor?
Ein Matador! – Wen lüstet nach dem Preise? –
»Ein Reich für einen Matador!«

Nicht, daß er vollends dich zum Tod verwunde –
Nein, daß er heile deine Wunden dir!
Noch ist es Zeit! – Noch hast du Kraft! – Gesunde!
Wirf deine Quäler, Andalusias Stier!
Noch wehn in Büscheln deines Hauptes Haare,
Dein Auge glüht, scharf noch ist dein Gebiß!

Ein Matador! – Wer wagt's? – – Exoriare!
Exoriare aliquis!

FREIE PRESSE   12.

Festen Tons zu seinen Leuten spricht der Herr der Druckerei:
»Morgen, wißt ihr, soll es losgehn, und zum Schießen braucht
                                          man Blei!
Wohl, wir haben unsre Schriften: – morgen in die Reihn
                                          getreten!
Heute Munition gegossen aus metallnen Alphabeten!

Hier die Formen, hier die Tiegel! auch die Kohlen facht' ich an!
Und die Pforten sind verrammelt, daß uns niemand stören kann!
An die Arbeit denn, ihr Herren! Alle, die ihr setzt und preßt!
Helft mir auf die Beine bringen dieses Freiheitsmanifest!«

Spricht's, und wirft die ersten Lettern in den Tiegel frischer
                                          Hand.
Von der Hitze bald geschmolzen brodeln Perl' und Diamant;
Brodeln Kolonel und Korpus; hier Antiqua, dort Fraktur
Werfen radikale Blasen, dreist umgehend die Zensur.

Dampfend in die Kugelformen zischt die glühnde Masse
                                          dann: –
So die ganze lange Herbstnacht schaffen diese zwanzig Mann;
Atmen rüstig in die Kohlen; schüren, schmelzen unverdrossen,
Bis in runde, blanke Kugeln Schrift und Zeug sie umgegossen!

Wohlverpackt in grauen Beuteln liegt der Vorrat an der Erde,
Fertig, daß er mit der Frühe brühwarm ausgegeben werde!
Eine dreiste Morgenzeitung! Wahrlich, gleich beherzt und kühn
Sah man keine noch entschwirren dieser alten Offizin!

Und der Meister sieht es düster, legt die Rechte auf sein Herz:
»Daß es also mußte kommen, mir und vielen macht es
                                          Schmerz!

Doch – welch Mittel noch ist übrig, und wie kann es anders
                                                        sein? –
Nur als Kugel mag die Type dieser Tage sich befrein!

Wohl soll der Gedanke siegen – nicht des Stoffes rohe Kraft!
Doch man band ihn, man zertrat ihn, doch man warf ihn schnöd
                                                        in Haft!
Sei es denn! In die Muskete mit dem Ladstock laßt euch
                                                        rammen!
Auch in solchem Winkelhaken steht als Kämpfer treu
                                                        beisammen!

Auch aus ihm bis an die Hofburg fliegt und schwingt euch,
                                                        trotz'ge Schriften!
Jauchzt ein rauhes Lied der Freiheit, jauchzt und pfeift es hoch
                                                        in Lüften!
Schlagt die Knechte, schlagt die Söldner, schlagt den
                                                        allerhöchsten Toren,
Der sich diese freie Presse selber auf den Hals beschworen!

Für die rechte freie Presse kehrt ihr heim aus diesem Strauß:
Bald aus Leichen und aus Trümmern graben wir euch wieder
                                                        aus!
Gießen euch aus stumpfen Kugeln wieder um in scharfe
                                                        Lettern –
Horch! ein Pochen an der Haustür! und Trompeten hör' ich
                                                        schmettern!

Jetzt ein Schuß! – Und wieder einer! – Die Signale sind's,
                                                        Gesellen!
Hallender Schritt erfüllt die Gassen, Hufe dröhnen, Hörner
                                                        gellen!
Hier die Kugeln! hier die Büchsen! Rasch hinab! – Da sind wir
                                                        schon!«
Und die erste Salve prasselt! – Das ist Revolution!

Friedrich Hebbel
(1813-1863)

HERBSTBILD   13.

Dieß ist ein Herbsttag, wie ich keinen sah!
   Die Luft ist still, als athmete man kaum,
Und dennoch fallen raschelnd, fern und nah',
   Die schönsten Früchte ab von jedem Baum.

O stört sie nicht, die Feier der Natur!
   Dieß ist die Lese, die sie selber hält,
Denn heute lös't sich von den Zweigen nur,
   Was vor dem milden Stral der Sonne fällt.

ICH UND DU   14.

   Wir träumten von einander
      Und sind davon erwacht,
   Wir leben, um uns zu lieben,
      Und sinken zurück in die Nacht.

   Du tratst aus meinem Traume,
      Aus deinem trat ich hervor,
   Wir sterben, wenn sich Eines
      Im Andern ganz verlor.

   Auf einer Lilie zittern
      Zwei Tropfen, rein und rund,
   Zerfließen in Eins und rollen
      Hinab in des Kelches Grund.

15.   SOMMERBILD

Ich sah des Sommers letzte Rose steh'n,
  Sie war, als ob sie bluten könne, roth;
Da sprach ich schauernd im Vorübergeh'n:
  So weit im Leben, ist zu nah' am Tod!

Es regte sich kein Hauch am heißen Tag,
  Nur leise strich ein weißer Schmetterling;
Doch, ob auch kaum die Luft sein Flügelschlag
  Bewegte, sie empfand es und verging.

Emanuel Geibel
(1815-1884)

MORGENWANDERUNG   16.

Wer recht in Freuden wandern will,
Der geh' der Sonn' entgegen;
Da ist der Wald so kirchenstill,
Kein Lüftchen mag sich regen;
   Noch sind nicht die Lerchen wach,
   Nur im hohen Gras der Bach
Singt leise den Morgensegen.

Die ganze Welt ist wie ein Buch,
Darin uns aufgeschrieben
In bunten Zeilen manch ein Spruch,
Wie Gott uns treu geblieben;
   Wald und Blumen nah und fern
   Und der helle Morgenstern
Sind Zeugen von seinem Lieben.

Da zieht die Andacht wie ein Hauch
Durch alle Sinnen leise,
Da pocht ans Herz die Liebe auch
In ihrer stillen Weise,
   Pocht und pocht, bis sich's erschließt,
   Und die Lippe überfließt
Von lautem, jubelndem Preise.

Und plötzlich läßt die Nachtigall
Im Busch ihr Lied erklingen,
In Berg und Tal erwacht der Schall
Und will sich aufwärts schwingen,
   Und der Morgenröte Schein
   Stimmt in lichter Glut mit ein:
Laßt uns dem Herrn lobsingen.

Georg Herwegh
(1817-1875)

17.   BUNDESLIED
FÜR DEN ALLGEMEINEN DEUTSCHEN ARBEITERVEREIN

You are many, they are few.
(Eurer sind viele, ihrer sind wenige.)

Bet' und arbeit'! ruft die Welt,
Bete kurz! denn Zeit ist Geld.
An die Türe pocht die Not –
Bete kurz! denn Zeit ist Brot.

Und du ackerst und du säst,
Und du nietest und du nähst,
Und du hämmerst und du spinnst –
Sag, o Volk, was du gewinnst!

Wirkst am Webstuhl Tag und Nacht,
Schürfst im Erz- und Kohlenschacht,
Füllst des Überflusses Horn,
Füllst es hoch mit Wein und Korn.

Doch wo ist dein Mahl bereit?
Doch wo ist dein Feierkleid?
Doch wo ist dein warmer Herd?
Doch wo ist dein scharfes Schwert?

Alles ist dein Werk! o sprich,
Alles, aber nichts für dich!
Und von allem nur allein,
Die du schmiedst, die Kette, dein?

Kette, die den Leib umstrickt,
Die dem Geist die Flügel knickt,
Die am Fuß des Kindes schon
Klirrt – o Volk, das ist dein Lohn.

Was ihr hebt ans Sonnenlicht,
Schätze sind es für den Wicht;
Was ihr webt, es ist der Fluch
Für euch selbst – ins bunte Tuch.

Was ihr baut, kein schützend Dach
Hat's für euch und kein Gemach;
Was ihr kleidet und beschuht,
Tritt auf euch voll Übermut.

Menschenbienen, die Natur,
Gab sie euch den Honig nur?
Seht die Drohnen um euch her!
Habt ihr keinen Stachel mehr?

Mann der Arbeit, aufgewacht!
Und erkenne deine Macht!
Alle Räder stehen still,
Wenn dein starker Arm es will.

Deiner Dränger Schar erblaßt,
Wenn du, müde deiner Last,
In die Ecke lehnst den Pflug,
Wenn du rufst: Es ist genug!

Brecht das Doppeljoch entzwei!
Brecht die Not der Sklaverei!
Brecht die Sklaverei der Not!
Brot ist Freiheit, Freiheit Brot!

18.   DIE PARTEI
                          An Ferdinand Freiligrath
                                1842

Die ihr gehört – frei hab' ich sie verkündigt!
Ob jedem recht: – schiert ein Poet sich drum?
Seit Priams Tagen, weiß er, wird gesündigt
In Ilium und außer Ilium.
Er beugt sein Knie dem Helden Bonaparte
Und hört mit Zürnen d'Enghiens Todesschrei:
Der Dichter steht auf einer höhern Warte
Als auf den Zinnen der Partei.

                                Ferdinand Freiligrath

(S. dessen Gedicht auf den Tod von Diego Leon,
Morgenblatt Nr. 286, Jahrg. 1841.)

Du drückst den Kranz auf eines Mannes Stirne,
Der wie ein Schächer jüngst sein Blut vergoß,
Indessen hier die königliche Dirne
Die Sündenhefe ihrer Lust genoß;
Ich will ihm den Zypressenkranz gewähren,
Düngt auch sein Blut die Saat der Tyrannei –
Für ihn den milden Regen deiner Zähren!
Doch gegen sie die Blitze der Partei!

Partei! Partei! Wer sollte sie nicht nehmen,
Die noch die Mutter aller Siege war!
Wie mag ein Dichter solch ein Wort verfemen,
Ein Wort, das alles Herrliche gebar?
Nur offen wie ein Mann: Für oder wider?
Und die Parole: Sklave oder frei?
Selbst Götter stiegen vom Olymp hernieder
Und kämpften auf der Zinne der Partei!

Sieh hin! dein Volk will neue Bahnen wandeln,
Nur des Signales harrt ein stattlich Heer;
Die Fürsten träumen, laßt die Dichter handeln!
Spielt Saul die Harfe, werfen wir den Speer!
Den Panzer um – geöffnet sind die Schranken,
Brecht immer euer Saitenspiel entzwei
Und führt ein Fähnlein ewiger Gedanken
Zur starken, stolzen Fahne der Partei!

Das Gestern ist wie eine welke Blume –
Man legt sie wohl als Zeichen in ein Buch –
Begrabt's mit seiner Schmach und seinem Ruhme
Und webt nicht länger an dem Leichentuch!
Dem Leben gilt's ein Lebehoch zu singen,
Und nicht ein Lied im Dienst der Schmeichelei;
Der Menschheit gilt's ein Opfer darzubringen,
Der Menschheit, auf dem Altar der Partei!

O stellt sie ein, die ungerechte Klage,
Wenn ihr die Angst so mancher Seele schaut;
Es ist das Bangen vor dem Hochzeitstage,
Das hoffnungsvolle Bangen einer Braut.
Schon drängen allerorten sich die Erben
Ans Krankenlager unsrer Zeit herbei;
Laßt, Dichter, laßt auch ihr den Kranken sterben,
Für eures Volkes Zukunft nehmt Partei!

Ihr müßt das Herz an eine Karte wagen,
Die Ruhe über Wolken ziemt euch nicht;
Ihr müßt euch mit in diesem Kampfe schlagen,
Ein Schwert in eurer Hand ist das Gedicht.
O wählt ein Banner, und ich bin zufrieden,
Ob's auch ein andres denn das meine sei;
Ich hab' gewählt, ich habe mich entschieden,
Und meinen Lorbeer flechte die Partei!

Theodor Storm
(1817-1888)

19.   GODE NACHT

Över de stillen Stråten
Geit klår de Klokkenslag;
God' Nacht! Din Hart will slåpen,
Un morgen is ok en Dag.

Din Kind liggt in de Weegen,
Un ik bün ok bi di;
Din Sorgen un din Leven
Is allens um un bi.

Noch eenmål låt uns språken:
Goden Åbend, gode Nacht!
De Månd schient op de Däken,
Uns' Herrgott hölt de Wacht.

20.   HYAZINTHEN

Fern hallt Musik; doch hier ist stille Nacht,
Mit Schlummerduft anhauchen mich die Pflanzen;
Ich habe immer, immer dein gedacht,
Ich möchte schlafen; aber du mußt tanzen...

Es hört nicht auf, es ras't ohn' Unterlaß;
Die Kerzen brennen und die Geigen schreien,
Es teilen und es schließen sich die Reihen,
Und Alle glühen; aber du bist blaß.

Und du mußt tanzen; fremde Arme schmiegen
Sich an dein Herz; o leide nicht Gewalt;
Ich seh' dein weißes Kleid vorüberfliegen
Und deine leichte, zärtliche Gestalt.

Und süßer strömend quillt der Duft der Nacht
Und träumerischer aus dem Kelch der Pflanzen.
Ich habe immer, immer dein gedacht;
Ich möchte schlafen; aber du mußt tanzen. – –

LIED DES HARFENMÄDCHENS   21.

Heute, nur heute
Bin ich so schön;
Morgen, ach morgen
Muß Alles vergehn!
Nur diese Stunde
Bist du noch mein;
Sterben, ach sterben
Soll ich allein.

MEERESSTRAND   22.

An's Haf nun fliegt die Möwe,
Und Dämm'rung bricht herein;
Über die feuchten Watten
Spiegelt der Abendschein.

Graues Geflügel huschet
Neben dem Wasser her;
Wie Träume liegen die Inseln
Im Nebel auf dem Meer.

Ich höre des gärenden Schlammes
Geheimnisvollen Ton,
Einsames Vogelrufen –
So war es immer schon.

Noch einmal schauert leise
Und schweiget dann der Wind;
Vernehmlich werden die Stimmen,
Die über der Tiefe sind.

23.   SCHLIESSE MIR DIE AUGEN BEIDE ...

Schließe mir die Augen beide
Mit den lieben Händen zu!
Geht doch Alles, was ich leide,
Unter deiner Hand zur Ruh'.
Und wie leise sich der Schmerz
Well' um Welle schlafen leget,
Wie der letzte Schlag sich reget,
Füllest du mein ganzes Herz.

Theodor Fontane
(1819-1898)

AUSGANG   24.

Immer enger, leise, leise
Ziehen sich die Lebenskreise,
Schwindet hin, was prahlt und prunkt,
Schwindet Hoffen, Hassen, Lieben,
Und ist nichts in Sicht geblieben
Als der letzte dunkle Punkt.

Gottfried Keller
(1819-1890)

25.

BERLINER PFINGSTEN

Heute sah ich ein Gesicht,
Freudevoll zu deuten:
In dem frühen Pfingstenlicht
Und beim Glockenläuten
Schritten Weiber drei einher,
Feierlich im Gange,
Wäscherinnen fest und schwer!
Jede trug 'ne Stange.

Mädchensommerkleider drei
Flaggten von den Stangen,
Schönre Fahnen, stolz und frei,
Als je Krieger schwangen;
Frisch gewaschen und gesteift,
Tadellos gebügelt,
Blau und weiß und rot gestreift,
Wunderbar geflügelt!

Lustig blies der Wind, der Schuft,
Falbeln auf und Büste,
Und mit frischer Morgenluft
Füllten sich die Brüste;
Und ich sang, als ich gesehn
Ferne sie entschweben:
Auf und laßt die Fahnen wehn,
Lustig ist das Leben!

ÇA IRA!
Im August 1845

»Es wird schon gehn!« ruft in den Lüften
Die Lerche in den frühen Tag;
»Es geht!« erwidert in den Grüften,
Aus Gräbern auf, ein Donnerschlag!
»Es wird schon gehn!« rauschts in den Bäumen,
Und wie ein milder Flötenton:
»Es geht schon!« lispels in den Träumen
Der fieberkranken Nation!

Die Städte werden wach und munter,
»Es geht!« erschallt von Haus zu Haus;
Schon steigt der Ruhm in sie herunter
Und wählt sich seine Kinder aus.
Die Morgensonne ruft: »Erwache,
O Volk, und eile auf den Markt!
Richt auf ein Forum deiner Sache:
Im Freien nur ein Volk erstarkt!

»Trag all dein Lieben und dein Hassen,
Dein Freud und Leid im Sturmesschritt,
Dein blutend Herz frei durch die Gassen:
Ja bring den ganzen Menschen mit!
Laß strömen all dein Sein und Denken
Und kehr dein Innerstes zu Tag –
Die Kindheit braucht dich nicht zu kränken,
Wenn du ein Kind von gutem Schlag!«

Die Morgensonne ruft: »Erwache!«
Klopft unterm Dach am Fenster an,
»Steh auf! und schau zu unsrer Sache,
Sie geht, sie geht auf rechter Bahn!
Ich lege Gold auf deine Zunge,
Ich lege Feuer in dein Wort!

So mach dich auf, mein lieber Junge,
Und schlag dich zu dem Volke dort!«

»Es wird schon gehn!« empfängt die Menge
Ihn donnernd auf dem weiten Plan;
Stolz trägt sein Kind das Volksgedränge
Zur Rednerbühne hoch hinan.
Nun geht ein Leuchten und Gewittern
Aus seinem Mund durch jeglich Herz;
Durch goldne Säle weht ein Zittern –
»Es wird schon gehn« – schon schmilzt das Erz!

Die Bauern wollen Korn verkaufen;
Als sie die schmucke Wirtschaft sehn,
Wie flink sie aus den Toren laufen
Dorf zu: Heut aber muß es gehn!
Die Türme fangen an zu schwingen
Und tönen wie ein ehrner Schild;
Die Glocken fangen an zu klingen
Durchs mittagsstille Lenzgefild.

Und überall wird es lebendig,
Das Land eröffnet seinen Schoß;
Nun eher wär ein Lied notwendig.
Das Volk steht auf, der Sturm bricht los!
Und durch das Singen und das Lachen
Zieht kummervoll die Truppenmacht:
»Mit Gott, ihr Brüder! 's wird sich machen,
Es hat sich vieles schon gemacht!«

Ich hab ein grünes Reis geschnitten
Von einem abgestorbnen Baum!
Ich sah ein Volk, das bang gelitten
Durch tausendjähr'gen schlimmen Traum,
Ich hab dasselbe Volk erwachend
Im Morgenglanze drauf gesehn
Und gründlich fest sein Tagwerk machend;
Ich sing ihm zu: Es wird schon gehn!

HELENE 27.

Tretet ein, hoher Krieger,
Der sein Herz mir ergab!
Legt den purpurnen Mantel
Und die Goldsporen ab!

Spannt das Roß in den Pflug,
Meinem Vater zum Gruß!
Die Schabrack' mit dem Wappen
Gibt 'nen Teppich meinem Fuß.

Euer Schwertgriff muß lassen
Für mich Gold und Stein,
Und die blitzende Klinge
Wird ein Schüreisen sein.

Und die schneeweiße Feder
Auf dem blutroten Hut
Ist zu 'nem spielenden Wedel
In der Sommerszeit gut.

Und der Reitknecht muß lernen,
Wie man Lebkuchen backt,
Wie man Wurst und Gefüllsel
Auf die Weihnachtszeit hackt!

Nun befehlt Leib und Seele
Dem heiligen Christ!
Denn ihr seid verkauft,
Wo kein Erlösen mehr ist!

Seid der Liebe verfallen
Und verpfändt euer Blut!
Müsset leiden und brennen
In ewiger Glut!

28.   THERESE

Du milchjunger Knabe,
Wie schaust du mich an?
Was haben deine Augen
Für eine Frage getan!

Alle Ratsherrn in der Stadt
Und alle Weisen der Welt
Bleiben stumm auf die Frage
Die deine Augen gestellt!

Eine Meermuschel liegt
Auf dem Schrank meiner Bas' –
Da halte dein Ohr dran,
Dann hörst du etwas!

29.   TROCHÄEN

Wohl, ich saß im hohen Eschenbaume,
In der grünen Krone still verborgen,
Unterm Baume lag ein schönes Fräulein
Auf dem sonnbeglänzten Sand im Bade.
Auf dem Rücken lag sie unbeweglich,
Mit dem Köpfchen auf dem warmen Ufer,
Ihre Arme reglos drum geschlungen;
Doch die zarten Füße, sie verschwanden
In dem blauen Purpur des Gewässers.
Aber sichtbar wurde schon das Leuchten
Ihrer Kniee aus der klaren Feuchte,
Und wie Glas auf ihrem weißen Schoße
Unablässig floß die Welle weiter,
Und die Silberfischchen schwammen ruhig
Über ihre Hüften hin, erblinkend,
Wenn sie lässig ihre Flossen regten.

Auf des Stromes hellbeglänzte Breite
Sah die Schöne mit halboffnen Augen.
Kahl und einsam lag das andre Ufer,
Nicht ein menschlich Wesen zu erspähen.
Doch auf einmal kam ein Schiff gefahren
Mitten auf des Stromes heitrem Glanze;
Und ich sah das Schiff und sah die Schöne.
Sachte, sachte schloß sie ihre Augen,
Nicht sich regend, bis das Schiff vorüber.
Und die Schiffer fuhren in die Ferne,
Nur nach ihrem Ziel den Sinn gewendet. –

Triumphierend lächelte die Holde;
Denn das Äußerste zu wagen und ihm
Zu entgehen lieben stets die Frauen.
Doch sie ahnte nicht, daß ihr zu Häupten
Sie belauscht ein arger Müßiggänger,
Den die Laune auf den Baum getrieben.
Und ich mußte mich zusammenfassen,
Nicht wie reife Frucht vom Baum zu fallen,
Während ich in meinem Sinn erwägte,
Was zum Heil der Schönen zu beginnen?
Schweigen, dacht ich, ist das Heil für Alle;
Wenn ich schweig von dem, was ich gesehen,
Ist mir wohl und ihr nicht weh geschehen!

WEIHNACHTSMARKT   30.

Welch lustiger Wald um das graue Schloß
Hat sich zusammengefunden,
Ein grünes bewegliches Nadelgehölz,
Von keiner Wurzel gebunden!

Anstatt der warmen Sonne scheint
Das Rauschgold durch die Wipfel;
Hier backt man Kuchen, dort brät man Wurst,
Das Räuchlein zieht um die Gipfel.

Es ist ein fröhliches Leben im Wald,
Das Volk erfüllet die Räume;
Die nie mit Tränen ein Reis gepflanzt,
Die fällen am frohsten die Bäume.

Der Eine kauft ein bescheidnes Gewächs
Zu überreichen Geschenken,
Der Andre einen gewaltigen Strauch,
Drei Nüsse daran zu henken.

Dort feilscht um ein winziges Kieferlein
Ein Weib mit scharfen Waffen;
Der dünne Silberling soll zugleich
Den Baum und die Früchte verschaffen.

Mit rosiger Nase schleppt der Lakai
Die schwere Tanne von hinnen;
Das Zöfchen trägt ein Leiterchen nach,
Zu ersteigen die grünen Zinnen.

Und kommt die Nacht, so singt der Wald
Und wiegt sich im Gaslichtscheine;
Bang führt die ärmste Mutter ihr Kind
Vorüber dem Zauberhaine.

Einst sah ich einen Weihnachtsbaum:
Im düstern Bergesbanne
Stand reifbezuckert auf dem Grat
Die alte Wettertanne.

Und zwischen den Ästen waren schön
Die Sterne aufgegangen;
Am untersten Ast sah man entsetzt
Die alte Wendel hangen.

Hell schien der Mond ihr ins Gesicht,
Das festlich still verkläret;
Weil auf der Welt sie nichts besaß,
Hatt' sie sich selbst bescheret.

WINTERNACHT   31.

Nicht ein Flügelschlag ging durch die Welt,
Still und blendend lag der weiße Schnee.
Nicht ein Wölklein hing am Sternenzelt,
Keine Welle schlug im starren See.

Aus der Tiefe stieg der Seebaum auf,
Bis sein Wipfel in dem Eis gefror;
An den Ästen klomm die Nix herauf,
Schaute durch das grüne Eis empor.

Auf dem dünnen Glase stand ich da,
Das die schwarze Tiefe von mir schied;
Dicht ich unter meinen Füßen sah
Ihre weiße Schönheit Glied um Glied.

Mit ersticktem Jammer tastet' sie
An der harten Decke her und hin –
Ich vergeß das dunkle Antlitz nie,
Immer, immer liegt es mir im Sinn!

Conrad Ferdinand Meyer
(1825-1898)

32.   DAS ENDE DES FESTES

Da mit Sokrates die Freunde tranken
Und die Häupter auf die Polster sanken,
Kam ein Jüngling, kann ich mich entsinnen,
Mit zwei schlanken Flötenbläserinnen.

Aus den Kelchen schütten wir die Neigen,
Die gesprächesmüden Lippen schweigen,
Um die welken Kränze zieht ein Singen...
Still! Des Todes Schlummerflöten klingen!

33.   DER LIEBLINGSBAUM

Den ich pflanzte, junger Baum,
Dessen Wuchs mich freute,
Zähl ich deine Lenze, kaum
Sind es zwanzig heute.

Oft im Geist ergötzt es mich,
Über mir im Blauen,
Schlankes Astgebilde, dich
Mächtig auszubauen.

Lichtdurchwirkten Schatten nur
Legst du auf die Matten,
Eh du dunkel deckst die Flur,
Bin ich selbst ein Schatten.

Aber haschen soll mich nicht
Stygisches Gesinde,
Weichen werd ich aus dem Licht
Unter deine Rinde.

Frische Säfte rieseln laut,
Rieseln durch die Stille,
Um mich, in mir webt und baut
Ewger Lebenswille.

Halb bewußt und halb im Traum
Über mir im Lichten
Werd ich, mein geliebter Baum,
Dich zu Ende dichten.

DER MARMORKNABE   34.

In der Capuletti Vigna graben
Gärtner, finden einen Marmorknaben,
Meister Simon holen sie herbei,
Der entscheide, welcher Gott es sei.

Wie den Fund man dem Gelehrten zeigte,
Der die graue Wimper forschend neigte,
Kniet' ein Kind daneben: Julia,
Die den Marmorknaben finden sah.

»Welches ist dein süßer Name, Knabe?
Steig ans Tageslicht aus deinem Grabe!
Eine Fackel trägst du? Bist beschwingt?
Amor bist du, der die Herzen zwingt?«

Meister Simon, streng das Bild betrachtend,
Eines Kindes Worte nicht beachtend,
Spricht: »Er löscht die Fackel. Sie verloht.
Dieser schöne Jüngling ist der Tod.«

35.   DER RÖMISCHE BRUNNEN

Aufsteigt der Strahl und fallend gießt
Er voll der Marmorschale Rund,
Die, sich verschleiernd, überfließt
In einer zweiten Schale Grund;
Die zweite gibt, sie wird zu reich,
Der dritten wallend ihre Flut,
Und jede nimmt und gibt zugleich
        Und strömt und ruht.

36.   DER SCHÖNE TAG

In kühler Tiefe spiegelt sich
Des Juli-Himmels warmes Blau,
Libellen tanzen auf der Flut,
Die nicht der kleinste Hauch bewegt.

Zwei Knaben und ein ledig Boot –
Sie sprangen jauchzend in das Bad,
Der eine taucht gekühlt empor,
Der andre steigt nicht wieder auf.

Ein wilder Schrei: »Der Bruder sank!«
Von Booten wimmelt's schon. Man fischt.
Den einen rudern sie ans Land,
Der fahl wie ein Verbrecher sitzt.

Der andre Knabe sinkt und sinkt
Gemach hinab, ein Schlummernder,
Geschmiegt das sanfte Lockenhaupt
An einer Nymphe weiße Brust.

NICOLA PESCE   37.

Ein halbes Jährchen hab ich nun geschwommen
Und noch behagt mir dieses kühle Gleiten,
Der Arme lässig Auseinanderbreiten –
Die Fastenspeise mag der Seele frommen!

Halb schlummernd lieg ich stundenlang, umglommen
Von Wetterleuchten, bis auf allen Seiten
Sich Wogen türmen. Männlich gilt's zu streiten.
Ich freue mich. Stets bin ich durchgekommen.

Was machte mich zum Fisch? Ein Mißverständnis
Mit meinem Weib. Vermehrte Menschenkenntnis.
Mein Wanderdrang und meine Farbenlust.

Die Furcht verlernt' ich über Todestiefen,
Fast bis zum Frieren kühlt' ich mir die Brust –
Ich bleib ein Fisch und meine Haare triefen!

ZWEI SEGEL   38.

Zwei Segel erhellend
Die tiefblaue Bucht!
Zwei Segel sich schwellend
Zu ruhiger Flucht!

Wie eins in den Winden
Sich wölbt und bewegt,
Wird auch das Empfinden
Des andern erregt.

Begehrt eins zu hasten,
Das andre geht schnell,
Verlangt eins zu rasten,
Ruht auch sein Gesell.

Joseph Victor von Scheffel
(1826-1886)

39.   VON DES TURMES HÖCHSTER SPITZE...

Von des Turmes höchster Spitze
Schau' ich in die Welt herein,
Schaue auf erhabnem Sitze
In das Treiben der Partein.

Und die Katzenaugen sehen,
Und die Katzenseele lacht,
Wie das Völklein der Pygmäen
Unten dumme Sachen macht.

Doch was nützt's? ich kann den Haufen
Nicht auf meinen Standpunkt ziehn,
Und so lass' ich ihn denn laufen,
's ist wahrhaft nicht schad' um ihn.

Menschentun ist ein Verkehrtes,
Menschentun ist Ach und Krach;
Im Bewußtsein seines Wertes
Sitzt der Kater auf dem Dach! –

Wilhelm Busch
(1832-1908)

UNGENÜGEND 40.

Sei es freundlich, sei es böse,
Meist genügend klar und scharf
Klingt des Mundes Wortgetöse
Für den täglichen Bedarf.

Doch die Höchstgefühle heischen
Ihren ganz besondern Klang;
Dann sagt grunzen oder kreischen
Mehr als Rede und Gesang.

Jakob Audorf
(1835–1898)

41.   Lied der deutschen Arbeiter
1864

Wohlan, wer Recht und Freiheit achtet,
Zu unsrer Fahne steht zu Hauf!
Wenn auch die Lüg' uns noch umnachtet,
Bald steigt der Morgen hell herauf!
Ein schwerer Kampf ist's, den wir wagen,
Zahllos ist unsrer Feinde Schar,
Doch ob wie Flammen die Gefahr
Mög' über uns zusammenschlagen;
     Nicht zählen wir den Feind,
     Nicht die Gefahren all':
     Der kühnen Bahn nur folgen wir,
     Die uns geführt Lassalle!

Der Feind, den wir am tiefsten hassen,
Der uns umlagert schwarz und dicht,
Das ist der Unverstand der Massen,
Den nur des Geistes Schwert durchbricht.
Ist erst dies Bollwerk überstiegen,
Wer will uns dann noch widerstehn?
Dann werden bald auf allen Höh'n,
Der wahren Freiheit Banner fliegen!
     Nicht zählen wir den Feind usw.

»Das freie Wahlrecht ist das Zeichen,
In dem wir siegen«; – nun, wohlan!
Nicht predigen wir Haß den Reichen,
Nur gleiches Recht für jedermann.
Die Lieb' soll uns zusammenketten,
Wir strecken aus die Bruderhand,

Aus geist'ger Schmach das Vaterland,
Das Volk vom Elend zu erretten!
    Nicht zählen wir den Feind usw.

Von uns wird einst die Nachwelt zeugen;
Schon blickt auf uns die Gegenwart.
Frisch auf, beginnen wir den Reigen!
Ist auch der Boden rauh und hart.
Schließt die Phalanx in dichten Reihen!
Je höher uns umrauscht die Flut,
Je mehr mit der Begeistrung Glut
Dem heil'gen Kampfe uns zu weihen!
    Nicht zählen wir den Feind usw.

Auf denn, Gesinnungskameraden,
Bekräftigt heut aufs neu den Bund,
Daß nicht die grünen Hoffnungssaaten
Gehn vor dem Erntefest zugrund.
Ist auch der Säemann gefallen,
In guten Boden fiel die Saat:
Uns aber bleibt die kühne Tat,
Heil'ges Vermächtnis sei sie allen!
    Nicht zählen wir den Feind,
    Nicht die Gefahren all':
    Der kühnen Bahn nur folgen wir,
    Die uns geführt Lassalle!

Detlev Freiherr von Liliencron
(1844-1909)

42.   DER HANDKUSS

Viere lang,
Zum Empfang,
Vorne Jean,
Elegant,
    Fährt meine süße Lady.

Schilderhaus,
Wache raus.
Schloßportal,
Und im Saal
    Steht meine süße Lady.

Hofmarschall,
Pagenwall.
Sehr graziös,
Merveillös
    Knixt meine süße Lady.

Königin,
Hoher Sinn.
Ihre Hand,
Interessant,
    Küßt meine süße Lady.

Viere lang,
Vom Empfang,
Vorne Jean,
Elegant,
    Kommt meine süße Lady.

Nun wie wars
Heut bei Czars?
Ach, ich bin
Noch ganz hin,
    Haucht meine süße Lady.

Nach und nach,
Allgemach,
Ihren Mann
Wieder dann
    Kennt meine süße Lady.

Die Musik kommt

43.

Klingling, bumbum und tschingdada,
Zieht im Triumph der Perserschah?
Und um die Ecke brausend brichts
Wie Tubaton des Weltgerichts,
    Voran der Schellenträger.

Brumbrum, das große Bombardon,
Der Beckenschlag, das Helikon,
Die Piccolo, der Zinkenist,
Die Türkentrommel, der Flötist,
    Und dann der Herre Hauptmann.

Der Hauptmann naht mit stolzem Sinn,
Die Schuppenketten unterm Kinn,
Die Schärpe schnürt den schlanken Leib,
Beim Zeus! das ist kein Zeitvertreib,
    Und dann die Herren Leutnants.

Zwei Leutnants, rosenrot und braun,
Die Fahne schützen sie als Zaun;
Die Fahne kommt, den Hut nimm ab,
Der bleiben treu wir bis ans Grab!
    Und dann die Grenadiere.

Der Grenadier im strammen Tritt,
In Schritt und Tritt und Tritt und Schritt,
Das stampft und dröhnt und klappt und flirrt,
Laternenglas und Fenster klirrt,
    Und dann die kleinen Mädchen.

Die Mädchen alle, Kopf an Kopf,
Das Auge blau und blond der Zopf,
Aus Tür und Tor und Hof und Haus
Schaut Mine, Trine, Stine aus,
    Vorbei ist die Musike.

Klingling, tschingtsching und Paukenkrach,
Noch aus der Ferne tönt es schwach,
Ganz leise bumbumbumbum tsching;
Zog da ein bunter Schmetterling,
    Tschingtsching, bum, um die Ecke?

Friedrich Nietzsche
(1844-1900)

AN DER BRÜCKE STAND ...   **44·**

An der Brücke stand
jüngst ich in brauner Nacht.
Fernher kam Gesang:
goldener Tropfen quoll's
über die zitternde Fläche weg.
Gondeln, Lichter, Musik –
trunken schwamm's in die Dämmrung hinaus ...

Meine Seele, ein Saitenspiel,
sang sich, unsichtbar berührt,
heimlich ein Gondellied dazu,
zitternd vor bunter Seligkeit.
– Hörte Jemand ihr zu? ...

NACH NEUEN MEEREN   **45·**

Dorthin – will ich; und ich traue
Mir fortan und meinem Griff.
Offen liegt das Meer, in's Blaue
Treibt mein Genueser Schiff.

Alles glänzt mir neu und neuer,
Mittag schläft auf Raum und Zeit –:
Nur dein Auge – ungeheuer
Blickt mich's an, Unendlichkeit!

46.   NUR NARR! NUR DICHTER!

Bei abgehellter Luft,
wenn schon des Thau's Tröstung
zur Erde niederquillt,
unsichtbar, auch ungehört
– denn zartes Schuhwerk trägt
der Tröster Thau gleich allen Trostmilden –
gedenkst du da, gedenkst du, heisses Herz,
wie einst du durstetest,
nach himmlischen Thränen und Thaugeträufel
versengt und müde durstetest,
dieweil auf gelben Graspfaden
boshaft abendliche Sonnenblicke
durch schwarze Bäume um dich liefen
blendende Sonnen-Gluthblicke, schadenfrohe.

»Der Wahrheit Freier – du? so höhnten sie
nein! nur ein Dichter!
ein Thier, ein listiges, raubendes, schleichendes,
das lügen muss,
das wissentlich, willentlich lügen muss,
nach Beute lüstern,
bunt verlarvt,
sich selbst zur Larve,
sich selbst zur Beute
das – der Wahrheit Freier?...
Nur Narr! Nur Dichter!
Nur Buntes redend,
aus Narrenlarven bunt herausredend,
herumsteigend auf lügnerischen Wortbrücken,
auf Lügen-Regenbogen
zwischen falschen Himmeln
herumschweifend, herumschleichend –
nur Narr! nur Dichter!...

Das – der Wahrheit Freier?...
Nicht still, starr, glatt, kalt,
zum Bilde worden,
zur Gottes-Säule,
nicht aufgestellt vor Tempeln,
eines Gottes Thürwart:
nein! feindselig solchen Tugend-Standbildern,
in jeder Wildniss heimischer als in Tempeln,
voll Katzen-Muthwillens
durch jedes Fenster springend
husch! in jeden Zufall,
jedem Urwalde zuschnüffelnd,
dass du in Urwäldern
unter buntzottigen Raubthieren
sündlich gesund und schön und bunt liefest,
mit lüsternen Lefzen,
selig-höhnisch, selig-höllisch, selig-blutgierig,
raubend, schleichend, lügend liefest...

Oder dem Adler gleich, der lange,
lange starr in Abgründe blickt,
in seine Abgründe...
– oh wie sie sich hier hinab,
hinunter, hinein,
in immer tiefere Tiefen ringeln! –
Dann,
plötzlich,
geraden Flugs
gezückten Zugs
auf Lämmer stossen,
jach hinab, heisshungrig,
nach Lämmern lüstern,
gram allen Lamms-Seelen,
grimmig gram Allem, was blickt
tugendhaft, schafmässig, krauswollig,
dumm, mit Lammsmilch-Wohlwollen...

Also
adlerhaft, pantherhaft
sind des Dichters Sehnsüchte,
sind deine Sehnsüchte unter tausend Larven,
du Narr! du Dichter!...

Der du den Menschen schautest
so Gott als Schaf –,
den Gott zerreissen im Menschen
wie das Schaf im Menschen
und zerreissend lachen –

das, das ist deine Seligkeit,
eines Panthers und Adlers Seligkeit,
eines Dichters und Narren Seligkeit!...

Bei abgehellter Luft,
wenn schon des Monds Sichel
grün zwischen Purpurröthen
und neidisch hinschleicht,
– dem Tage feind,
mit jedem Schritte heimlich
an Rosen-Hängematten
hinsichelnd, bis sie sinken,
nachtabwärts blass hinabsinken:
so sank ich selber einstmals,
aus meinem Wahrheits-Wahnsinne,
aus meinen Tages-Sehnsüchten,
des Tages müde, krank vom Lichte,
– sank abwärts, abendwärts, schattenwärts,
von Einer Wahrheit
verbrannt und durstig
– gedenkst du noch, gedenkst du, heisses Herz,
wie da du durstetest? –
dass ich verbannt sei
von aller Wahrheit!
Nur Narr! Nur Dichter!...

Richard Dehmel
(1863-1920)

DER ARBEITSMANN   47.

Wir haben ein Bett, wir haben ein Kind,
mein Weib!
Wir haben auch Arbeit, und gar zu zweit,
und haben die Sonne und Regen und Wind,
und uns fehlt nur eine Kleinigkeit,
um so frei zu sein, wie die Vögel sind:
Nur Zeit.

Wenn wir Sonntags durch die Felder gehn,
mein Kind,
und über den Ähren weit und breit
das blaue Schwalbenvolk blitzen sehn,
oh, dann fehlt uns nicht das bißchen Kleid,
um so schön zu sein, wie die Vögel sind:
Nur Zeit.

Nur Zeit! wir wittern Gewitterwind,
wir Volk.
Nur eine kleine Ewigkeit;
uns fehlt ja nichts, mein Weib, mein Kind,
als all das, was durch uns gedeiht,
um so kühn zu sein, wie die Vögel sind.
Nur Zeit!

Arno Holz
(1863-1929)

48.   AN EINEM ERSTEN, BLAUEN FRÜHLINGSTAG...

An einem ersten, blauen Frühlingstag,
in einer Königlich preußischen, privilegierten Apotheke
zum Schwarzen Adler,
bin ich geboren.

Vom nahen Georgenturm,
über den alten Markt der kleinen, weltentlegenen
Ordensritterstadt,
zwischen dessen buntlich rundholprigem Pflaster
noch Gras wuchs,
durch die geöffneten Fenster,
läuteten
die Sonntagsglocken.

Niemand – »ahnte« was.

Zu Mittag
gabs Schweinebraten und geschmorte Backpflaumen,
zum Kaffee schon
war ich
da.

Noch heut,
so oft sies mir erzählt,
lacht
meine Mutter!

ER IST IN SIE   **49.**
NOCH HEFFTIGER VERLIHBT / ALSS IN AMARYLLIS
Ode Jambica.

Arsinoe / du schöne Dokk
im gelb und Himmel-blauen Rokk /
gläubstu / daß macht mich nach dir kranck /
blohß weil dein Leib so Dannen-schlanck?
Du durchauß unverschehmbtes Thier /
wer fragt nach dir?

For dihsen Krantz hihr ümb mein Haupt
steht Febus sälber fast entlaubt /
auff meine Lider lauscht entbrannt
gantz Lieff-Teutsch-Holl- und Enge-Land.
Kein Pindar zwang so / kein Virgil
sein Säyten-Spihl!

Schon mehr alß Eine dhat wie du /
zum Schluß lieff sie mir brünstig zu;
ein Leichtrichin und dreyn ein Licht /
for nasse Seufftzer bün ich nicht.
Ich weiß es drümb und weiß es doch /
du kombst mir noch!

Zerbleicht auch gleichsahm deinen Glantz
kein bundt-beaugter Pfauen-Schwantz /
noch steinerner alß blohß auß Stein /
wie adamanten werd ich seyn.
Für meine Kniee / sonder Sinn /
brichstu dan hin!

Mord-schwere Noht! Bozz Blizz und Bein!
Bün ich dein Hündgen Liberlein?
Ich spei dir mitten ins Gesicht:
Steh auff / dreh ümb / ich bräuch dich nicht!

An jedem Finger baumeln mir
zum mindsten zwihr!

Itzt fast noch blaß / itzt wihder roht /
lebendig bistu dan schon dodt
und traumst in jeder schwartzen Nacht /
waß Jupiter mit Juno macht /
indeß an deiner Kammer-Dhür
kein Riegel für!

Stihlt dan mein Lümmel Cypripor
sich schlau biß für dein Rohsen-Dhor /
dan kanstu / matt für süsser Pein /
nicht mehr von ihm entsondert seyn
und lenckst ihn ins gelohbte Land /
mit eigner Hand!

50.   SIEBEN BILLIONEN JAHRE VOR MEINER GEBURT...

Sieben Billionen Jahre vor meiner Geburt
war ich
eine Schwertlilie.

Meine suchenden Wurzeln
saugten
sich
um einen Stern.

Aus seinen sich wölbenden Wassern,
traumblau,
in
neue,
kreisende Weltenringe,
wuchs,
stieg, stieß,
zerströmte, versprühte sich – meine dunkle Riesenblüte!

UNVERGESSBARE SOMMERSÜSSE **51.**

Rote Dächer!

Aus den Schornsteinen,
hier und da
Rauch;
oben, hoch, in sonniger Luft,
ab und zu
Tauben!

Es ist Nachmittag.

Aus
Mohdrickers Garten her
gackert
eine Henne;
Bruthitze
brastet;
die ganze Stadt... riecht nach Kaffee.

Daß mir doch dies alles noch so lebendig geblieben ist!

Ich bin ein kleiner achtjähriger Junge,
liege,
das Kinn in beide Fäuste,
platt auf dem Bauch
und
kucke durch die Bodenluke.

Unter mir... steil, der Hof... hinter mir,
weggeworfen,
ein Buch.

... Franz Hoffmann ...

»Die
Sklavenjäger.«

Wie still das ist!

Nur drüben,
in Knorrs Regenrinne,
zwei Spatzen, die sich um einen Strohhalm zanken,
irgendwo ein Mann, der sägt,
und,
dazwischen,
deutlich von der Kirche her,
in kurzen Pausen regelmäßig hämmernd,
der Kupferschmied Thiel.

Wenn ich unten runter sehe,
sehe ich gerade auf Mutters Blumenbrett.

Ein Topf Goldlack,
zwei
Töpfe Levkojen, eine Geranie,
Fuchsien
und,
mittendrin,
zierlich, in einem Zigarrenkistchen,
ein
Hümpelchen Reseda.

Wie ... das ... riecht!
Bis
zu ... mir ... rauf!

Und
die ... Farben ... die
Farben!

Jetzt!

Wie der Wind drüber weht!

Die
wunder-,
wunder-, wunder-

... schönen...
Farben!

Nie... blinkten... mir
schönere!

Ein
halbes Leben,
ein
ganzes Menschenalter
verrann!

Ich
schließe die Augen.

Ich
sehe sie... noch immer!

Paul Scheerbart
(1863-1915)

52.   LASS DIE ERDE!...

Laß die Erde! Laß die Erde!
Laß sie liegen, bis sie fault!
Über schwarze Wiesentriften
Fliegen große Purpurengel,
Ihre Scharlachlocken leuchten
      In dem grünen Himmel
      Meiner Welt.

Laß die Erde! Laß die Erde!
Laßt sie schlafen, bis sie fault!
Über weißen Bernsteinkuppeln
Flattern blaue Turteltauben,
Ihre Saphirflügel flimmern
      In den grünen Himmel
      Meiner Welt.

Laßt die Erde! Laßt die Erde!
Laßt sie, laßt sie, bis sie fault!
Über goldnen Schaumgewässern
Spielen zahme Silberfische,
Ihre langen Flossen zittern
      In den grünen Himmel
      Meiner Welt.

Haßt die Erde! Haßt die Erde!

Richard Beer-Hofmann
(1866-1945)

MIT EINEM KLEINEN SILBERNEN SPIEGEL   53.
Der Schauspielerin L. H.

Der Spiegel spricht mit wunderschöner Silberstimme:

Ein Glas – geschliffen, glatt, und klar und hart –
Bereitet, allen Schein in mir zu fangen –
Aufzeigend fremder Menschen Wesen, Art –
Ihr Schauern, ihre Lust und ihr Verlangen.

Weil mir verliehen ward, getreu zu spiegeln,
Bin wahr im Schein ich – Schein nur ist mir wichtig!
Ich zeig Dich – Dir. Du kannst mich nie entsiegeln – –
Ich kann nur spiegeln – weil ich undurchsichtig!

1904

Stefan George
(1868-1933)

54.   DAS WORT

Wunder von ferne oder traum
Bracht ich an meines landes saum

Und harrte bis die graue norn
Den namen fand in ihrem born –

Drauf konnt ichs greifen dicht und stark
Nun blüht und glänzt es durch die mark...

Einst langt ich an nach guter fahrt
Mit einem kleinod reich und zart

Sie suchte lang und gab mir kund:
›So schläft hier nichts auf tiefem grund‹

Worauf es meiner hand entrann
Und nie mein land den schatz gewann...

So lernt ich traurig den verzicht:
Kein ding sei wo das wort gebricht.

55.   DER HERR DER INSEL

Die fischer überliefern dass im süden
Auf einer insel reich an zimmt und öl
Und edlen steinen die im sande glitzern
Ein vogel war der wenn am boden fussend
Mit seinem schnabel hoher stämme krone

Zerpflücken konnte · wenn er seine flügel
Gefärbt wie mit dem saft der Tyrer-schnecke
Zu schwerem niedrem flug erhoben: habe
Er einer dunklen wolke gleichgesehn.
Des tages sei er im gehölz verschwunden ·
Des abends aber an den strand gekommen ·
Im kühlen windeshauch von salz und tang
Die süsse stimme hebend dass delfine
Die freunde des gesanges näher schwammen
Im meer voll goldner federn goldner funken.
So habe er seit urbeginn gelebt ·
Gescheiterte nur hätten ihn erblickt.
Denn als zum erstenmal die weissen segel
Der menschen sich mit günstigem geleit
Dem eiland zugedreht sei er zum hügel
Die ganze teure stätte zu beschaun gestiegen ·
Verbreitet habe er die grossen schwingen
Verscheidend in gedämpften schmerzeslauten.

DES SEHERS WORT   56.

Des sehers wort ist wenigen gemeinsam:
Schon als die ersten kühnen wünsche kamen
In einem seltnen reiche ernst und einsam
Erfand er für die dinge eigne namen –

Die hier erdonnerten von ungeheuern
Befehlen oder lispelten wie bitten ·
Die wie Paktolen in rubinenfeuern
Und bald wie linde frühlingsbäche glitten ·

An deren kraft und klang er sich ergezte ·
Sie waren wenn er sich im höchsten schwunge
Der welt entfliehend unter träume sezte
Des tempels saitenspiel und heilge zunge.

Nur sie – und nicht der sanften lehre lallen ·
Das mütterliche – hat er sich erlesen
Als er im rausch von mai und nachtigallen
Sann über erster sehnsucht fabelwesen ·

Als er zum lenker seiner lebensfrühe
Im beten rief ob die verheissung löge...
Erflehend dass aus zagen busens mühe
Das denkbild sich zur sonne heben möge.

57.   URSPRUENGE

Heil diesem lachenden zug:
Herrlichsten gutes verweser
Maasslosen glückes erleser!
Schaltend mit göttlichem fug
Traget ihr kronen und psalter.
Später gedenkt es euch kaum:
Nie lag die welt so bezwungen ·
Eines geistes durchdrungen
Wie im jugend-traum.

Heil dir sonnenfroh gefild
Wo nach sieg der heiligen rebe
Nach gefälltem wald und wild
Kam in kränzen Pan mit Hebe!
Rauhe Jäger zottige rüden
Wichen weissem marmorbein.
Hallen luden wie im süden..
Wir empfingen noch den schein.
Aus den aufgewühlten gruben
Dampfte odem von legion
Und von trosses fraun und buben ·
Hier ihr gold ihr erz ihr thon!
Auf dem bergweg seht die schaar –
Eine stampfende kohorte!

Offen stehen brück und pforte
Für des Caesarsohnes aar.

Auf diesen trümmern hob die Kirche dann ihr haupt ·
Die freien nackten leiber hat sie streng gestaupt ·
Doch erbte sie die prächte die nur starrend schliefen
Und übergab das maass der höhen und der tiefen
Dem sinn der beim hosiannah über wolken blieb
Und dann zerknirscht sich an den gräberplatten rieb.

Doch an dem flusse im schilfpalaste
Trieb uns der wollust erhabenster schwall:
In einem sange den keiner erfasste
Waren wir heischer und herrscher vom All.
Süss und befeuernd wie Attikas choros
Über die hügel und inseln klang:
CO BESOSO PASOJE PTOROS
CO ES ON HAMA PASOJE BOAÑ.

Else Lasker-Schüler
(1869–1945)

58.   Ein alter Tibetteppich

Deine Seele, die die meine liebet,
Ist verwirkt mit ihr im Teppichtibet.

Strahl in Strahl, verliebte Farben,
Sterne, die sich himmellang umwarben.

Unsere Füße ruhen auf der Kostbarkeit,
Maschentausendabertausendweit.

Süßer Lamasohn auf Moschuspflanzenthron,
Wie lange küßt dein Mund den meinen wohl
Und Wang die Wange buntgeknüpfte Zeiten schon?

59.   Fortissimo

Du spieltest ein ungestümes Lied,
Ich fürchtete mich nach dem Namen zu fragen,
Ich wusste, er würde das alles sagen,
Was zwischen uns wie Lava glüht.

Da mischte sich die Natur hinein
In unsere stumme Herzensgeschichte,
Der Mondvater lachte mit Vollbackenschein,
Als machte er komische Liebesgedichte.

Wir lachten heimlich im Herzensgrund,
Doch unsere Augen standen in Thränen
Und die Farben des Teppichs spielten bunt
In Regenbogenfarbentönen.

Wir hatten beide dasselbe Gefühl,
Der Smyrnateppich wäre ein Rasen,
Und die Palmen über uns fächelten kühl,
Und unsere Sehnsucht begann zu rasen.

Und unsere Sehnsucht riss sich los
Und jagte uns mit Blutsturmwellen:
Wir sanken in das Smyrnamoos
Urwild und schrieen wie Gazellen.

Karl Wolfskehl
(1869-1948)

60.   ICH

Nun muss ich krampfig an den rand geschmiegt
Das andre und mich andren ganz verlieren.
Noch wie ein schütteres flimmern ferner stadt
Noch wie blutswellenschlag abends vorm einschlaf
Noch wie den lezten liebesblick beim abschied
Abdrängen alles, nichts mehr bleibt! Wahn flamme
Versprühn, der kelch birst bittersüssen weins.
Die lippen fasern, nebelbilder, meins
Zerreisst wie todesschrei von tieren.

Christian Morgenstern
(1871-1914)

ERSTER SCHNEE   61.

Aus silbergrauen Gründen tritt
ein schlankes Reh
im winterlichen Wald
und prüft vorsichtig, Schritt für Schritt,
den reinen, kühlen, frischgefallnen Schnee.

Und Deiner denk' ich, zierlichste Gestalt.

FISCHES NACHTGESANG   62.

```
          ─
        ⏑   ⏑
      ─   ─   ─
    ⏑   ⏑   ⏑   ⏑
      ─   ─   ─
    ⏑   ⏑   ⏑   ⏑
      ─   ─   ─
    ⏑   ⏑   ⏑   ⏑
      ─   ─   ─
    ⏑   ⏑   ⏑   ⏑
      ─   ─   ─
        ⏑   ⏑
          ─
```

Alfred Mombert
(1872-1942)

63.   DU FRÜHSTER VOGEL...

Du frühster Vogel draußen in der Dunkelheit,
Ton über Urgebirgen
im Nebelmeer,
zeitloser Schlaf-Sänger,
Einem singst du: Mir,
dem Ewig-Schlummerlosen.

Klang einer heiligen Flöte, die ich am Ende der Tage
aus der alten Weide schneiden werde
am Wasserfall der Felswand,
da die Sonne rot heruntersinkt,
und es donnert,
und mein Gesang anhebt –

Eben drangst du durch die Vorhänge ins Zimmer –
dein Flügelrauschen um mein Haupt –
du Schatten – du Schatten –
eben – hielt ich dich . . .

Hugo von Hofmannsthal
(1874-1929)

Der Kaiser von China spricht: **64.**

In der Mitte aller Dinge
Wohne Ich der Sohn des Himmels.
Meine Frauen, meine Bäume,
Meine Tiere, meine Teiche
Schließt die erste Mauer ein.
Drunten liegen meine Ahnen:
Aufgebahrt mit ihren Waffen,
Ihre Kronen auf den Häuptern,
Wie es einem jeden ziemt,
Wohnen sie in den Gewölben.
Bis ins Herz der Welt hinunter
Dröhnt das Schreiten meiner Hoheit.
Stumm von meinen Rasenbänken,
Grünen Schemeln meiner Füße,
Gehen gleichgeteilte Ströme
Osten-, west- und süd- und nordwärts,
Meinen Garten zu bewässern,
Der die weite Erde ist.
Spiegeln hier die dunkeln Augen,
Bunten Schwingen meiner Tiere,
Spiegeln draußen bunte Städte,
Dunkle Mauern, dichte Wälder
Und Gesichter vieler Völker.
Meine Edlen, wie die Sterne
Wohnen rings um mich, sie haben
Namen, die ich ihnen gab,
Namen nach der einen Stunde,
Da mir einer näher kam,
Frauen, die ich ihnen schenkte,
Und den Scharen ihrer Kinder,

Allen Edlen dieser Erde
Schuf ich Augen, Wuchs und Lippen,
Wie der Gärtner an den Blumen.
Aber zwischen äußern Mauern
Wohnen Völker meine Krieger,
Völker meine Ackerbauer.
Neue Mauern und dann wieder
Jene unterworf'nen Völker,
Völker immer dumpfern Blutes
Bis ans Meer, die letzte Mauer,
Die mein Reich und mich umgibt.

65. MANCHE FREILICH...

Manche freilich müssen drunten sterben,
Wo die schweren Ruder der Schiffe streifen,
Andre wohnen bei dem Steuer droben,
Kennen Vogelflug und die Länder der Sterne.

Manche liegen immer mit schweren Gliedern
Bei den Wurzeln des verworrenen Lebens,
Andern sind die Stühle gerichtet
Bei den Sibyllen, den Königinnen,
Und da sitzen sie wie zu Hause,
Leichten Hauptes und leichter Hände.

Doch ein Schatten fällt von jenen Leben
In die anderen Leben hinüber,
Und die leichten sind an die schweren
Wie an Luft und Erde gebunden:

Ganz vergessener Völker Müdigkeiten
Kann ich nicht abtun von meinen Lidern,
Noch weghalten von der erschrockenen Seele
Stummes Niederfallen ferner Sterne.

Viele Geschicke weben neben dem meinen,
Durcheinander spielt sie alle das Dasein,
Und mein Teil ist mehr als dieses Lebens
Schlanke Flamme oder schmale Leier.

REISELIED   66.

Wasser stürzt, uns zu verschlingen,
Rollt der Fels, uns zu erschlagen,
Kommen schon auf starken Schwingen
Vögel her, uns fortzutragen.

Aber unten liegt ein Land,
Früchte spiegelnd ohne Ende
In den alterslosen Seen.

Marmorstirn und Brunnenrand
Steigt aus blumigem Gelände,
Und die leichten Winde wehn.

ÜBER VERGÄNGLICHKEIT   67.

Noch spür ich ihren Atem auf den Wangen:
Wie kann das sein, daß diese nahen Tage
Fort sind, für immer fort, und ganz vergangen?

Dies ist ein Ding, das keiner voll aussinnt,
Und viel zu grauenvoll, als daß man klage:
Daß alles gleitet und vorüberrinnt.

Und daß mein eignes Ich, durch nichts gehemmt,
Herüberglitt aus einem kleinen Kind,
Mir wie ein Hund unheimlich stumm und fremd.

Dann: daß ich auch vor hundert Jahren war
Und meine Ahnen, die im Totenhemd,
Mit mir verwandt sind wie mein eignes Haar,

So eins mit mir als wie mein eignes Haar.

68.   VORFRÜHLING

Es läuft der Frühlingswind
Durch kahle Alleen,
Seltsame Dinge sind
In seinem Wehn.

Er hat sich gewiegt,
Wo Weinen war,
Und hat sich geschmiegt
In zerrüttetes Haar.

Er schüttelte nieder
Akazienblüten
Und kühlte die Glieder,
Die atmend glühten.

Lippen im Lachen
Hat er berührt,
Die weichen und wachen
Fluren durchspürt.

Er glitt durch die Flöte
Als schluchzender Schrei,
An dämmernder Röte
Flog er vorbei.

Er flog mit Schweigen
Durch flüsternde Zimmer
Und löschte im Neigen
Der Ampel Schimmer.

Es läuft der Frühlingswind
Durch kahle Alleen,
Seltsame Dinge sind
In seinem Wehn.

Durch die glatten
Kahlen Alleen
Treibt sein Wehen
Blasse Schatten

Und den Duft,
Den er gebracht,
Von wo er gekommen
Seit gestern nacht.

WELTGEHEIMNIS   69.

Der tiefe Brunnen weiß es wohl.
Einst waren alle tief und stumm
Und alle wußten drum.

Wie Zauberworte, nachgelallt
Und nicht begriffen in den Grund,
So geht es jetzt von Mund zu Mund.

Der tiefe Brunnen weiß es wohl.
In den gebückt, begriffs ein Mann,
Begriff es und verlor es dann.

Und redet' irr und sang ein Lied –
Auf dessen dunklen Spiegel bückt
Sich einst ein Kind und wird entrückt.

Und wächst und weiß nichts von sich selbst
Und wird ein Weib, das einer liebt
Und – wunderbar wie Liebe gibt!

Wie Liebe tiefe Kunde gibt! –
Der wird an Dinge dumpf geahnt
In ihren Küssen tief gemahnt...

In unseren Worten liegt es drin,
So tritt des Bettlers Fuß den Kies,
Der eines Edelsteins Verließ.

Der tiefe Brunnen weiß es wohl,
Einst aber wußten alle drum,
Nun zuckt im Kreis ein Traum herum.

August Stramm
(1874-1915)

SCHLACHTFELD 70.

Schollenmürbe schläfert ein das Eisen
Blute filzen Sickerflecke
Roste krumen
Fleische schleimen
Saugen brünstet um Zerfallen.
Mordesmorde
Blinzen
Kinderblicke.

SEHNEN 71.

Die Hände strecken
Starre bebt
Erde wächst an Erde
Dein Nahen fernt
Der Schritt ertrinkt
Das Stehen jagt vorüber
Ein Blick
Hat
Ist!
Wahnnichtig
Icht!

Rainer Maria Rilke
(1875-1926)

72.   AM RANDE DER NACHT

MEINE Stube und diese Weite,
wach über nachtendem Land, –
ist Eines. Ich bin eine Saite,
über rauschende breite
Resonanzen gespannt.

Die Dinge sind Geigenleiber,
von murrendem Dunkel voll;
drin träumt das Weinen der Weiber,
drin rührt sich im Schlafe der Groll
ganzer Geschlechter . . . . .
Ich soll
silbern erzittern: dann wird
Alles unter mir leben,
und was in den Dingen irrt,
wird nach dem Lichte streben,
das von meinem tanzenden Tone,
um welchen der Himmel wellt,
durch schmale, schmachtende Spalten
in die alten
Abgründe ohne
Ende fällt . . .

73.   ARCHAÏSCHER TORSO APOLLOS

WIR kannten nicht sein unerhörtes Haupt,
darin die Augenäpfel reiften. Aber
sein Torso glüht noch wie ein Kandelaber,
in dem sein Schauen, nur zurückgeschraubt,

sich hält und glänzt. Sonst könnte nicht der Bug
der Brust dich blenden, und im leisen Drehen
der Lenden könnte nicht ein Lächeln gehen
zu jener Mitte, die die Zeugung trug.

Sonst stünde dieser Stein entstellt und kurz
unter der Schultern durchsichtigem Sturz
und flimmerte nicht so wie Raubtierfelle;

und bräche nicht aus allen seinen Rändern
aus wie ein Stern: denn da ist keine Stelle,
die dich nicht sieht. Du mußt dein Leben ändern.

DER PANTHER   74.
Im Jardin des Plantes, Paris

SEIN Blick ist vom Vorübergehn der Stäbe
so müd geworden, daß er nichts mehr hält.
Ihm ist, als ob es tausend Stäbe gäbe
und hinter tausend Stäben keine Welt.

Der weiche Gang geschmeidig starker Schritte,
der sich im allerkleinsten Kreise dreht,
ist wie ein Tanz von Kraft um eine Mitte,
in der betäubt ein großer Wille steht.

Nur manchmal schiebt der Vorhang der Pupille
sich lautlos auf –. Dann geht ein Bild hinein,
geht durch der Glieder angespannte Stille –
und hört im Herzen auf zu sein.

75.   DER SCHWAN

DIESE Mühsal, durch noch Ungetanes
schwer und wie gebunden hinzugehn,
gleicht dem ungeschaffnen Gang des Schwanes.

Und das Sterben, dieses Nichtmehrfassen
jenes Grunds, auf dem wir täglich stehn,
seinem ängstlichen Sich-Niederlassen –:

in die Wasser, die ihn sanft empfangen
und die sich, wie glücklich und vergangen,
unter ihm zurückziehn, Flut um Flut;
während er unendlich still und sicher
immer mündiger und königlicher
und gelassener zu ziehn geruht.

76.   DIE FLAMINGOS
                    Jardin des Plantes, Paris

IN Spiegelbildern wie von Fragonard
ist doch von ihrem Weiß und ihrer Röte
nicht mehr gegeben, als dir einer böte,
wenn er von seiner Freundin sagt: sie war

noch sanft von Schlaf. Denn steigen sie ins Grüne
und stehn, auf rosa Stielen leicht gedreht,
beisammen, blühend, wie in einem Beet,
verführen sie verführender als Phryne

sich selber; bis sie ihres Auges Bleiche
hinhalsend bergen in der eignen Weiche,
in welcher Schwarz und Fruchtrot sich versteckt.

Auf einmal kreischt ein Neid durch die Volière;
sie aber haben sich erstaunt gestreckt
und schreiten einzeln ins Imaginäre.

Die Sonette an Orpheus. Erster Teil. XIII   **77.**

Voller Apfel, Birne und Banane,
Stachelbeere... Alles dieses spricht
Tod und Leben in den Mund... Ich ahne...
Lest es einem Kind vom Angesicht,

wenn es sie erschmeckt. Dies kommt von weit.
Wird euch langsam namenlos im Munde?
Wo sonst Worte waren, fließen Funde,
aus dem Fruchtfleisch überrascht befreit.

Wagt zu sagen, was ihr Apfel nennt.
Diese Süße, die sich erst verdichtet,
um, im Schmecken leise aufgerichtet,

klar zu werden, wach und transparent,
doppeldeutig, sonnig, erdig, hiesig – :
O Erfahrung, Fühlung, Freude –, riesig!

Duineser Elegien   **78.**
Die neunte Elegie

Warum, wenn es angeht, also die Frist des Daseins
hinzubringen, als Lorbeer, ein wenig dunkler als alles
andere Grün, mit kleinen Wellen an jedem
Blattrand (wie eines Windes Lächeln) – : warum dann
Menschliches müssen – und, Schicksal vermeidend,
sich sehnen nach Schicksal?...

                              Oh, *nicht,* weil Glück *ist,*
dieser voreilige Vorteil eines nahen Verlusts.
Nicht aus Neugier, oder zur Übung des Herzens,
das auch im Lorbeer *wäre* . . . . .

Aber weil Hiersein viel ist, und weil uns scheinbar
alles das Hiesige braucht, dieses Schwindende, das
seltsam uns angeht. Uns, die Schwindendsten. *Ein* Mal
jedes, nur *ein* Mal. *Ein* Mal und nichtmehr. Und wir auch
ein Mal. Nie wieder. Aber dieses
ein Mal gewesen zu sein, wenn auch nur *ein* Mal:
irdisch gewesen zu sein, scheint nicht widerrufbar.

Und so drängen wir uns und wollen es leisten,
wollens enthalten in unsern einfachen Händen,
im überfüllteren Blick und im sprachlosen Herzen.
Wollen es werden. – Wem es geben? Am liebsten
alles behalten für immer . . . Ach, in den andern Bezug,
wehe, was nimmt man hinüber? Nicht das Anschaun,
                              das hier
langsam erlernte, und kein hier Ereignetes. Keins.
Also die Schmerzen. Also vor allem das Schwersein,
also der Liebe lange Erfahrung, – also
lauter Unsägliches. Aber später,
unter den Sternen, was solls: *die* sind *besser* unsäglich.
Bringt doch der Wanderer auch vom Hange des
                              Bergrands
nicht eine Hand voll Erde ins Tal, die Allen unsägliche,
                              sondern
ein erworbenes Wort, reines, den gelben und blaun
Enzian. Sind wir vielleicht *hier,* um zu sagen: Haus,
Brücke, Brunnen, Tor, Krug, Obstbaum, Fenster, –
höchstens: Säule, Turm . . . . aber zu *sagen,* verstehs,
oh zu sagen *so,* wie selber die Dinge niemals
innig meinten zu sein. Ist nicht die heimliche List
dieser verschwiegenen Erde, wenn sie die Liebenden
                              drängt,
daß sich in ihrem Gefühl jedes und jedes entzückt?

Schwelle: was ists für zwei
Liebende, daß sie die eigne ältere Schwelle der Tür
ein wenig verbrauchen, auch sie, nach den vielen vorher
und vor den Künftigen...., leicht.

Hier ist des *Säglichen* Zeit, *hier* seine Heimat.
Sprich und bekenn. Mehr als je
fallen die Dinge dahin, die erlebbaren, denn,
was sie verdrängend ersetzt, ist ein Tun ohne Bild.

Tun unter Krusten, die willig zerspringen, sobald
innen das Handeln entwächst und sich anders begrenzt.
Zwischen den Hämmern besteht
unser Herz, wie die Zunge
zwischen den Zähnen, die doch,
dennoch, die preisende bleibt.

Preise dem Engel die Welt, nicht die unsägliche, *ihm*
kannst du nicht großtun mit herrlich Erfühltem;
im Weltall,
wo er fühlender fühlt, bist du ein Neuling. Drum zeig
ihm das Einfache, das, von Geschlecht zu Geschlechtern
gestaltet,
als ein Unsriges lebt, neben der Hand und im Blick.
Sag ihm die Dinge. Er wird staunender stehn; wie du
standest
bei dem Seiler in Rom, oder beim Töpfer am Nil.
Zeig ihm, wie glücklich ein Ding sein kann, wie schuldlos und unser,
wie selbst das klagende Leid rein zur Gestalt sich
entschließt,
dient als ein Ding, oder stirbt in ein Ding –, und jenseits
selig der Geige entgeht. – Und diese, von Hingang
lebenden Dinge verstehn, daß du sie rühmst; vergänglich,
traun sie ein Rettendes uns, den Vergänglichsten, zu.
Wollen, wir sollen sie ganz im unsichtbarn Herzen
verwandeln
in – o unendlich – in uns! Wer wir am Ende auch seien.

Erde, ist es nicht dies, was du willst: *unsichtbar*
in uns erstehn? – Ist es dein Traum nicht,
einmal unsichtbar zu sein? – Erde! unsichtbar!
Was, wenn Verwandlung nicht, ist dein drängender
                                                            Auftrag?
Erde, du liebe, ich will. Oh glaub, es bedürfte
nicht deiner Frühlinge mehr, mich dir zu gewinnen –,
                                                            einer,
ach, ein einziger ist schon dem Blute zu viel.
Namenlos bin ich zu dir entschlossen, von weit her.
Immer warst du im Recht, und dein heiliger Einfall
ist der vertrauliche Tod.

Siehe, ich lebe. Woraus? Weder Kindheit noch Zukunft
werden weniger . . . . . Überzähliges Dasein
entspringt mir im Herzen.

79.   Es winkt zu Fühlung . . .

Es winkt zu Fühlung fast aus allen Dingen,
aus jeder Wendung weht es her: Gedenk!
Ein Tag, an dem wir fremd vorübergingen,
entschließt im künftigen sich zum Geschenk.

Wer rechnet unseren Ertrag? Wer trennt
uns von den alten, den vergangnen Jahren?
Was haben wir seit Anbeginn erfahren,
als daß sich eins im anderen erkennt?

Als daß an uns Gleichgültiges erwarmt?
O Haus, o Wiesenhang, o Abendlicht,
auf einmal bringst du's beinah zum Gesicht
und stehst an uns, umarmend und umarmt.

Durch alle Wesen reicht der *eine* Raum:
Weltinnenraum. Die Vögel fliegen still

durch uns hindurch. O, der ich wachsen will,
ich seh hinaus, und *in* mir wächst der Baum.

Ich sorge mich, und in mir steht das Haus.
Ich hüte mich, und in mir ist die Hut.
Geliebter, der ich wurde: an mir ruht
der schönen Schöpfung Bild und weint sich aus.

ICH LIEBE DICH, DU SANFTESTES GESETZ... 80.

ICH liebe dich, du sanftestes Gesetz,
an dem wir reiften, da wir mit ihm rangen;
du großes Heimweh, das wir nicht bezwangen,
du Wald, aus dem wir nie hinausgegangen,
du Lied, das wir mit jedem Schweigen sangen,
du dunkles Netz,
darin sich flüchtend die Gefühle fangen.

Du hast dich so unendlich groß begonnen
an jenem Tage, da du uns begannst, –
und wir sind so gereift in deinen Sonnen,
so breit geworden und so tief gepflanzt,
daß du in Menschen, Engeln und Madonnen
dich ruhend jetzt vollenden kannst.

Laß deine Hand am Hang der Himmel ruhn
und dulde stumm, was wir dir dunkel tun.

JUGEND-BILDNIS MEINES VATERS 81.

IM Auge Traum. Die Stirn wie in Berührung
mit etwas Fernem. Um den Mund enorm
viel Jugend, ungelächelte Verführung,
und vor der vollen schmückenden Verschnürung

der schlanken adeligen Uniform
der Säbelkorb und beide Hände –, die
abwarten, ruhig, zu nichts hingedrängt.
Und nun fast nicht mehr sichtbar: als ob sie
zuerst, die Fernes greifenden, verschwänden.
Und alles andre mit sich selbst verhängt
und ausgelöscht als ob wirs nicht verständen
und tief aus seiner eignen Tiefe trüb –.

Du schnell vergehendes Daguerreotyp
in meinen langsamer vergehenden Händen.

82.   SCHWARZE KATZE

EIN Gespenst ist noch wie eine Stelle,
dran dein Blick mit einem Klange stößt;
aber da, an diesem schwarzen Felle
wird dein stärkstes Schauen aufgelöst:

wie ein Tobender, wenn er in vollster
Raserei ins Schwarze stampft,
jählings am benehmenden Gepolster
einer Zelle aufhört und verdampft.

Alle Blicke, die sie jemals trafen,
scheint sie also an sich zu verhehlen,
um darüber drohend und verdrossen
zuzuschauern und damit zu schlafen.
Doch auf einmal kehrt sie, wie geweckt,
ihr Gesicht und mitten in das deine:
und da triffst du deinen Blick im geelen
Amber ihrer runden Augensteine
unerwartet wieder: eingeschlossen
wie ein ausgestorbenes Insekt.

Rudolf Borchardt

(1877-1945)

ABSCHIED   83.

Wir haben nicht wie Knecht und Magd am Zaun
Gelegenheit; und nicht wie Brautgesellen
Den Trost, ein heimlich Scheiden zu bestellen:
Wo aller Augen wartend auf uns schaun,
Soll dieses Schwert durch unsre Seele haun:
Kein Baum, den zwanzig an der Wurzel fällen,
Stirbt allgemein besudelter im Grellen:
Nur noch verachten gilt, und sich vertraun,

Und, wie Ermordete im alten Stück
Noch schwatzen, vorwärts du und ich zurück,
Im Griff das schwarze Eingeweide tragend,
Fortsteigen, gleichen Fußes und Gesichts;
Und erst wo keins mehr zusieht, in das Nichts
Quer treten, ohne Laut vornüberschlagend.

Hermann Hesse
(1877-1962)

84.   ELISABETH
III

Wie eine weiße Wolke
Am hohen Himmel steht,
So weiß und schön und ferne
Bist du, Elisabeth.

Die Wolke geht und wandert,
Kaum hast du ihrer acht,
Und doch durch deine Träume
Geht sie in dunkler Nacht.

Geht und erglänzt so silbern,
Daß fortan ohne Rast
Du nach der weißen Wolke
Ein süßes Heimweh hast.

85.   STUFEN

Wie jede Blüte welkt und jede Jugend
Dem Alter weicht, blüht jede Lebensstufe,
Blüht jede Weisheit auch und jede Tugend
Zu ihrer Zeit und darf nicht ewig dauern.
Es muß das Herz bei jedem Lebensrufe
Bereit zum Abschied sein und Neubeginne,
Um sich in Tapferkeit und ohne Trauern
In andre, neue Bindungen zu geben.
Und jedem Anfang wohnt ein Zauber inne,
Der uns beschützt und der uns hilft zu leben.

Wir sollen heiter Raum um Raum durchschreiten,
An keinem wie an einer Heimat hängen,
Der Weltgeist will nicht fesseln uns und engen,
Er will uns Stuf' um Stufe heben, weiten.
Kaum sind wir heimisch einem Lebenskreise
Und traulich eingewohnt, so droht Erschlaffen,
Nur wer bereit zu Aufbruch ist und Reise,
Mag lähmender Gewöhnung sich entraffen.
Es wird vielleicht auch noch die Todesstunde
Uns neuen Räumen jung entgegensenden,
Des Lebens Ruf an uns wird niemals enden...
Wohlan denn, Herz, nimm Abschied und gesunde!

Hans Carossa
(1878-1956)

86.   DER ALTE BRUNNEN

Lösch aus dein Licht und schlaf! Das immer wache
Geplätscher nur vom alten Brunnen tönt.
Wer aber Gast war unter meinem Dache,
Hat sich stets bald an diesen Ton gewöhnt.

Zwar kann es einmal sein, wenn du schon mitten
Im Traume bist, daß Unruh geht ums Haus,
Der Kies beim Brunnen knirscht von harten Tritten,
Das helle Plätschern setzt auf einmal aus,

Und du erwachst, – dann mußt du nicht erschrecken!
Die Sterne stehn vollzählig überm Land,
Und nur ein Wandrer trat ans Marmorbecken,
Der schöpft vom Brunnen mit der hohlen Hand.

Er geht gleich weiter, und es rauscht wie immer.
O freue dich, du bleibst nicht einsam hier.
Viel Wandrer gehen fern im Sternenschimmer,
Und mancher noch ist auf dem Weg zu dir.

Rudolf Alexander Schröder
(1878-1962)

HYMNE 87.

Land des Glaubens, deutsches Land,
Land der Väter und der Erben,
Uns im Leben und im Sterben
Haus und Herberg, Trost und Pfand,
Sei den Toten zum Gedächtnis,
Den Lebend'gen zum Vermächtnis,
Freudig vor der Welt bekannt,
Land des Glaubens, deutsches Land!

Land der Hoffnung, Heimatland,
Ob die Wetter, ob die Wogen
Über dich hinweggezogen,
Ob die Feuer dich verbrannt,
Du hast Hände, die da bauen,
Du hast Herzen, die vertrauen;
Lieb und Treue halten Stand,
Land der Hoffnung, Heimatland!

Land der Liebe, Vaterland,
Heilger Grund, auf den sich gründet,
Was in Lieb und Leid verbündet
Herz mit Herzen, Hand mit Hand:
Frei wie wir dir angehören
Und uns dir zu eigen schwören,
Schling um uns dein Friedensband,
Land der Liebe, Vaterland!

Ludwig Rubiner
(1881-1920)

88.   Die Engel

Führer, du stehst klein, eine zuckende Blutsäule auf der
                        schmalen Tribüne,
Dein Mund ist eine rundgebogene Armbrust, du wirst
                        schwingend abgeschnellt.
Deine Augen werfen im Horizontflug leuchtende Flügel ins
                        Grüne,
Deine Ringerarme kreisen weit hinein ins feindliche
                        Menschenfeld.

Du schwächliche Säule, Gottes Stoß hat deine Krummnase in
                        die zitternden Massen geschwungen,
Deine Ohren hohl beflügelt schweben wie leichte Vögel rosig
                        auf bleiernem Volksgeschrei,
Die hellen Flügel tragen den Thron deines Kopfes sanft über
                        Steinwürfe und graue Beleidigungen,
Dein Kopf schüttelt wie Wolkengefieder goldblitzende
    Himmelskuppeln auf die Menschenschultern herbei.

O Engel, ihr fliegt im leuchtenden Ball des Hauptes durch
                        blauen Raum,
Augen, ihr Engel, pfeilt zu den schwirrenden Brüdern im Kreis;
O Zunge, Arme, Gliedersäulen, Engel, ihr umschlingt euch wie
                        Zweige im wehenden Baum.
Führer, sprich! Um dich ringen die Engel auf kristallenen
                        Bergen hochstrahlend und heiß.

Paul Zech
(1881-1946)

FRÄSER   **89.**

Gebietend blecken weiße Hartstahl-Zähne
aus dem Gewirr der Räder. Mühlen gehen
                                        profund,
sie schütten auf den Ziegelgrund
die Wolkenbrüche krauser Kupferspäne

Die Gletscherkühle riesenhafter Birnen
beglänzt Fleischnackte, die von Öl umtropft
die Kämme rühren; während automatenhaft
                                        gestopft
die Scheren das Gestränge dünn zerzwirnen.

Ein Fäusteballen hin und wieder und ein Fluch,
Werkmeisterpfiffe, widerlicher Brandgeruch
an Muskeln jäh empor geleckt: zu töten!

Und es geschieht, daß sich die bärtigen Gesichter
                                        röten,
daß Augen wie geschliffene Gläser stehn
und scharf, gespannt nach innen sehn.

Wilhelm Lehmann
(1882-1968)

90.   AUF SOMMERLICHEM FRIEDHOF (1944)
In memoriam Oskar Loerke

Der Fliegenschnäpper steinauf, steinab.
Der Rosenduft begräbt dein Grab.
Es könnte nirgend stiller sein.
Der darin liegt, erschein, erschein!

Der Eisenhut blitzt blaues Licht.
Komm, wisch den Schweiß mir vom Gesicht.
Der Tag ist süß und ladet ein,
Noch einmal säßen wir zu zwein.

Sirene heult, Geschützmaul bellt.
Sie morden sich: es ist die Welt.
Komm nicht! Komm nicht! Laß mich allein,
Der Erdentag lädt nicht mehr ein.
Ins Qualenlose flohest du,
O Grab, halt deine Tür fest zu!

91.   FEBRUARMOND

Ich seh den Mond des Februar sich lagern
Auf reinen Himmel, türkisblauen.
In wintergelben Gräsern, magern,
Gehn Schafe, ruhen, kauen.

Dem schönsten folgt der Widder, hingerissen.
Die Wolle glänzt, gebadete Koralle.
Ich weiß das Wort, den Mond zu hissen,
Ich bin im Paradiese vor dem Falle.

MOND IM JANUAR   **92.**

Ich spreche Mond. Da schwebt er,
Glänzt über dem Krähennest.
Einsame Pfütze schaudert
Und hält ihn fest.

Der Wasserhahnenfuß erstarrt,
Der Teich friert zu.
Auf eisiger Vitrine
Gleitet mein Schuh.

Von Bretterwand blitzt Schneckenspur.
Die Sterblichen schlafen schon –
Diana öffnet ihren Schoß
Endymion.

Ernst Stadler
(1883-1914)

93.   FAHRT ÜBER DIE KÖLNER RHEINBRÜCKE BEI NACHT

Der Schnellzug tastet sich und stößt die Dunkelheit entlang.
Kein Stern will vor. Die ganze Welt ist nur ein enger, nachtum-
    schienter Minengang,
Darein zuweilen Förderstellen blauen Lichtes jähe Horizonte
    reißen: Feuerkreis
Von Kugellampen, Dächern, Schloten, dampfend, strömend..
    nur sekundenweis..
Und wieder alles schwarz. Als führen wir ins Eingeweid der Nacht
    zur Schicht.
Nun taumeln Lichter her.. verirrt, trostlos vereinsamt.. mehr..
    und sammeln sich.. und werden dicht.
Gerippe grauer Häuserfronten liegen bloß, im Zwielicht bleichend,
    tot – etwas muß kommen.. o, ich fühl es schwer
Im Hirn. Eine Beklemmung singt im Blut. Dann dröhnt der
    Boden plötzlich wie ein Meer:
Wir fliegen, aufgehoben, königlich durch nachtentrissne Luft,
    hoch übern Strom. O Biegung der Millionen Lichter,
    stumme Wacht,
Vor deren blitzender Parade schwer die Wasser abwärts rollen.
    Endloses Spalier, zum Gruß gestellt bei Nacht!
Wie Fackeln stürmend! Freudiges! Salut von Schiffen über blauer
    See! Bestirntes Fest!
Wimmelnd, mit hellen Augen hingedrängt! Bis wo die Stadt mit
    letzten Häusern ihren Gast entläßt.
Und dann die langen Einsamkeiten. Nackte Ufer. Stille. Nacht.
    Besinnung. Einkehr. Kommunion. Und Glut und Drang
Zum Letzten, Segnenden. Zum Zeugungsfest. Zur Wollust. Zum
    Gebet. Zum Meer. Zum Untergang.

FORM IST WOLLUST

94.

Form und Riegel mußten erst zerspringen,
Welt durch aufgeschlossne Röhren dringen:
Form ist Wollust, Friede, himmlisches Genügen,
Doch mich reißt es, Ackerschollen umzupflügen.
Form will mich verschnüren und verengen,
Doch ich will mein Sein in alle Weiten drängen –
Form ist klare Härte ohn' Erbarmen,
Doch mich treibt es zu den Dumpfen, zu den Armen,
Und in grenzenlosem Michverschenken
Will mich Leben mit Erfüllung tränken.

Alfred Wolfenstein
(1883-1945)

95.   IM BESTIENHAUS

Ich gleite traurig rings umgittert von den Tieren
Durchs brüllende Haus am Stoß der Stäbe hin und her,
Und blicke weit in ihren Blick wie weit hinaus auf Meer
In ihre Freiheit.. die die schönen nie verlieren.

Der harte Takt der engen Stadt und Menschheit zählt
An meinen Zeh'n, doch lose schreiten Einsamkeiten
Im Tigerknie, und seine baumgestreiften Seiten
Sind nur der ganz bewachsnen Erde eng vermählt.

Ach ihre reinen heißen Seelen fühlt mein Wille
Und ich zerschmelze sehnsuchtsvoller als ein Weib.
Des Jaguars Blitze gelb aus seinem Sturmnachtleib
Empfängt mein Schneegesicht und winzige Pupille.

Der Adler sitzt wie Statuen still und scheinbar schwer
Und aufwärts aufwärts in Bewegung ungeheuer!
Sein Auftrieb greift in mich und spannt mich in sein Steuer
..Ich bleibe still, ich bin von Stein, es fliegt nur er.

Es steigen hoch der Elefanten graue Eise,
Gebirge, nur von Riesengeistern noch bewohnt:
Von Wucht und Glut des freien Alls bin ich umthront,
Und stehe eingesperrt in ihrem wilden Kreise.

Oskar Loerke
(1884-1941)

VERGOSSNE WELT   **96.**

Auf Eispalmen der Fenster sitzt die Sternvogelherde.
Vergebens erwartet sie draußen der Holunder:
Im abgeglommnen Jenseits abgeglommner Zunder.
Der Eismond rinnt, ein Ölfleck, auf der Erde.

Draußen erfriert vergoßne Welt.
           Sie trieft mir von den Schuhen feucht.
Die Bretter, drauf ich wandre, knarren etwas Weises.
Eine kleine Erdöllampe scheucht
Die letzten Vögel aus dem Kristallwald des Eises.

Einsam bin ich in meinem unbekannten Gebein.
Die Tür, die unverschlossen ist,
Läßt niemand ein.
Ich schöpfe, was vergossen ist.

Hugo Ball
(1886-1927)

97.   DER GRÜNE KÖNIG

Wir, Johann, Amadeus Adelgreif,
Fürst von Saprunt und beiderlei Smeraldis,
Erzkaiser über allen Unterschleif
Und Obersäckelmeister vom Schmalkaldis

Erheben unsern grimmen Löwenschweif
Und dekretieren vor den leeren Saldis:
»Ihr Räuberhorden, eure Zeit ist reif.
Die Hahnenfeder ab, ihr Garibaldis!

Man sammle alle Blätter unserer Wälder
Und stanze Gold daraus, soviel man mag.
Das ausgedehnte Land braucht neue Gelder.

Und eine Hungersnot liegt klar am Tag.
Sofort versehe man die Schatzbehälter
Mit Blattgold aus dem nächsten Buchenschlag.«

Gottfried Benn
(1886-1956)

EINSAMER NIE –   98.

Einsamer nie als im August:
Erfüllungsstunde – im Gelände
die roten und die goldenen Brände,
doch wo ist deiner Gärten Lust?

Die Seen hell, die Himmel weich,
die Äcker rein und glänzen leise,
doch wo sind Sieg und Siegsbeweise
aus dem von dir vertretenen Reich?

Wo alles sich durch Glück beweist
und tauscht den Blick und tauscht die Ringe
im Weingeruch, im Rausch der Dinge –
dienst du dem Gegenglück, dem Geist.

GESÄNGE   99.

I
O daß wir unsere Ururahnen wären.
Ein Klümpchen Schleim in einem warmen Moor.
Leben und Tod, Befruchten und Gebären
glitte aus unseren stummen Säften vor.

Ein Algenblatt oder ein Dünenhügel,
vom Wind Geformtes und nach unten schwer.
Schon ein Libellenkopf, ein Möwenflügel
wäre zu weit und litte schon zu sehr.

II
Verächtlich sind die Liebenden, die Spötter,
alles Verzweifeln, Sehnsucht, und wer hofft.
Wir sind so schmerzliche durchseuchte Götter
und dennoch denken wir des Gottes oft.

Die weiche Bucht. Die dunklen Wälderträume.
Die Sterne, schneeballblütengroß und schwer.
Die Panther springen lautlos durch die Bäume.
Alles ist Ufer. Ewig ruft das Meer –

100.   KARYATIDE

Entrücke dich dem Stein! Zerbirst
die Höhle, die dich knechtet! Rausche
doch in die Flur! Verhöhne die Gesimse –
sieh: Durch den Bart des trunkenen Silen
aus seinem ewig überrauschten
lauten einmaligen durchdröhnten Blut
träuft Wein in seine Scham!

Bespei die Säulensucht: toderschlagene
greisige Hände bebten sie
verhangenen Himmeln zu. Stürze
die Tempel vor die Sehnsucht deines Knies,
in dem der Tanz begehrt!

Breite dich hin, zerblühe dich, oh, blute
dein weiches Beet aus großen Wunden hin:
sieh, Venus mit den Tauben gürtet
sich Rosen um der Hüften Liebestor –
sieh dieses Sommers letzten blauen Hauch
auf Astermeeren an die fernen
baumbraunen Ufer treiben; tagen
sieh diese letzte Glück-Lügenstunde
unserer Südlichkeit
hochgewölbt.

NEGERBRAUT

101.

Dann lag auf Kissen dunklen Bluts gebettet
der blonde Nacken einer weißen Frau.
Die Sonne wütete in ihrem Haar
und leckte ihr die hellen Schenkel lang
und kniete um die bräunlicheren Brüste,
noch unentstellt durch Laster und Geburt.
Ein Nigger neben ihr: durch Pferdehufschlag
Augen und Stirn zerfetzt. Der bohrte
zwei Zehen seines schmutzigen linken Fußes
ins Innere ihres kleinen weißen Ohrs.
Sie aber lag und schlief wie eine Braut:
am Saume ihres Glücks der ersten Liebe
und wie vorm Aufbruch vieler Himmelfahrten
des jungen warmen Blutes.
                              Bis man ihr
das Messer in die weiße Kehle senkte
und einen Purpurschurz aus totem Blut
ihr um die Hüften warf.

WER ALLEIN IST

102.

Wer allein ist, ist auch im Geheimnis,
immer steht er in der Bilder Flut,
ihrer Zeugung, ihrer Keimnis,
selbst die Schatten tragen ihre Glut.

Trächtig ist er jeder Schichtung
denkerisch erfüllt und aufgespart,
mächtig ist er der Vernichtung
allem Menschlichen, das nährt und paart.

Ohne Rührung sieht er, wie die Erde
eine andere ward, als ihm begann,
nicht mehr Stirb und nicht mehr Werde:
formstill sieht ihn die Vollendung an.

103.   WIRKLICHKEIT

Eine Wirklichkeit ist nicht vonnöten,
ja es gibt sie gar nicht, wenn ein Mann
aus dem Urmotiv der Flairs und Flöten
seine Existenz beweisen kann.

Nicht Olympia oder Fleisch und Flieder
malte jener, welcher einst gemalt,
seine Trance, Kettenlieder
hatten ihn von innen angestrahlt.

Angekettet fuhr er die Galeere
tief im Schiffsbauch. Wasser sah er kaum,
Möwen, Sterne – nichts: aus eigener Schwere
unter Augenzwang entstand der Traum.

Als ihm graute, schuf er einen Fetisch,
als er litt, entstand die Pietà,
als er spielte, malte er den Teetisch,
doch es war kein Tee zum Trinken da.

Albert Ehrenstein
(1886-1950)

DER KRIEGSGOTT 104.

Heiter rieselt ein Wasser,
Abendlich blutet das Feld,
Aber aufreckend
Das wildbewachsene Tierhaupt,
Den Menschen feind, zerschmetter ich, Ares,
Zerkrachend schwaches Kinn und Nase,
Türme abdrehend vor Wut, eure Erde.
Lasset ab, den Gott zu rufen, der nicht hört.
Nicht hintersinnet ihr dies:
Meine Unterteufel herrschen auf Erden,
Sie heißen Unvernunft und Tollwut.
Menschenhäute spannt ich
An Stangen um die Städte.
Der ich der alten Burgen wanke Tore
Auf meine Dämonsschultern lud,
Ich schütte aus die dürre Kriegszeit,
Steck Europa in den Kriegssack.
Rot umblüht euer Blut
Meinen Schlächterarm,
Wie freut mich der Anblick!
Der Feind flammt auf
In regenbitterer Nacht,
Geschosse zerhacken euere Frauen,
Auf den Boden
Verstreut sind die Hoden
Euerer Söhne
Wie die Körner von Gurken.
Unabwendbar euren Kinderhänden
Köpft euere Massen der Tod.
Blut gebt ihr für Kot,

Reichtum für Not,
Schon speien die Wölfe
Nach meinen Festen,
Euer Aas muß sie übermästen.
Bleibt noch ein Rest
Nach Ruhr und Pest?
Aufheult in mir die Lust,
Euch gänzlich zu beenden!

Max Herrmann-Neiße
(1886-1941)

IM VOLLMONDGLANZE   105.

DIE Strandkabinen sind im Vollmondglanze
wie Marmorbilder auf dem weißen Sand,
und über sie wirft seine Flammenlanze
des Leuchtturms schmale geisterbleiche Hand.

Man hört die Wellen seinen Fels berennen,
der unberührt den Stürmen widersteht.
In fernen Schiffen fremde Lichter brennen,
der tote Lotse auf den Wogen geht.

Weit draußen wetterleuchten Wolkenkämpfe,
es grollt des Schlachtenrufers dunkler Baß.
Aus Dünenkesseln steigen schwüle Dämpfe,
vom Tau der Nacht sind Pfahl und Fahne naß.

Nur ein paar flüchtige Sterne, schon im Schwinden,
haben die Welt mit einem Blick bedacht;
dann ist sie mit den Wassern und den Winden
allein und mit dem nackten Glanz der Nacht.

Hans Arp
(1887-1966)

106.   RIESIGE SANDUHREN VOLL STERNE...

riesige sanduhren voll sterne werden gekehrt.

in unterirdischen gängen ist ein gewühl von schwarzen blumen und kristallenen särgen.

in gestrecktem lauf eilen wappentiere zum horizont.

riesige weiße hasen trinken aus weißen lavaströmen.

er sieht auch die seen senkrecht wie spiegel in den bergen hängen flieht aber nicht mit dem laiengelichter in die archen.

er bringt die schnee-ernten ein.

er lichtet den schneeanker und aus dem blute des riesenvogels fällt er kristalle aus fleisch und blut.

Georg Heym
(1887-1912)

DER GOTT DER STADT   107.

Auf einem Häuserblocke sitzt er breit.
Die Winde lagern schwarz um seine Stirn.
Er schaut voll Wut, wo fern in Einsamkeit
Die letzten Häuser in das Land verirrn.

Vom Abend glänzt der rote Bauch dem Baal,
Die großen Städte knien um ihn her.
Der Kirchenglocken ungeheure Zahl
Wogt auf zu ihm aus schwarzer Türme Meer.

Wie Korybanten-Tanz dröhnt die Musik
Der Millionen durch die Straßen laut.
Der Schlote Rauch, die Wolken der Fabrik
Ziehn auf zu ihm, wie Duft von Weihrauch blaut.

Das Wetter schwelt in seinen Augenbrauen.
Der dunkle Abend wird in Nacht betäubt.
Die Stürme flattern, die wie Geier schauen
Von seinem Haupthaar, das im Zorne sträubt.

Er streckt ins Dunkel seine Fleischerfaust.
Er schüttelt sie. Ein Meer von Feuer jagt
Durch eine Straße. Und der Glutqualm braust
Und frißt sie auf, bis spät der Morgen tagt.

108.   DER KRIEG I
                              (Entwurf)

Aufgestanden ist er, welcher lange schlief,
Aufgestanden unten aus Gewölben tief.
In der Dämmrung steht er, groß und unerkannt,
Und den Mond zerdrückt er in der schwarzen Hand.

In den Abendlärm der Städte fällt es weit,
Frost und Schatten einer fremden Dunkelheit,
Und der Märkte runder Wirbel stockt zu Eis.
Es wird still. Sie sehn sich um. Und keiner weiß.

In den Gassen faßt es ihre Schulter leicht.
Eine Frage. Keine Antwort. Ein Gesicht erbleicht.
In der Ferne <wimmert> ein Geläute dünn
Und die Bärte zittern um ihr spitzes Kinn.

Auf den Bergen hebt er schon zu tanzen an
Und er schreit: Ihr Krieger alle, auf und an.
Und es schallet, wenn das schwarze Haupt er schwenkt,
Drum von tausend Schädeln laute Kette hängt.

Einem Turm gleich tritt er aus die letzte Glut,
Wo der Tag flieht, sind die Ströme schon voll Blut.
Zahllos sind die Leichen schon im Schilf gestreckt,
Von des Todes starken Vögeln weiß bedeckt.

Über runder Mauern blauem Flammenschwall
Steht er, über schwarzer Gassen Waffenschall.
<Über Toren, wo die Wächter liegen quer,
Über Brücken, die von Bergen Toter schwer.>

In die Nacht er jagt das Feuer querfeldein
Einen roten Hund mit wilder Mäuler Schrein.
Aus dem Dunkel springt der Nächte schwarze Welt,
Von Vulkanen furchtbar ist ihr Rand erhellt.

Und mit tausend roten Zipfelmützen weit
Sind die finstren Ebnen flackend überstreut,
Und was unten auf den Straßen wimmelt hin und her,
⟨Fegt er in die Feuerhaufen, daß die Flamme brenne mehr.⟩

Und die Flammen fressen brennend Wald um Wald,
Gelbe Fledermäuse zackig in das Laub gekrallt.
Seine Stange haut er wie ein Köhlerknecht
In die Bäume, daß das Feuer brause recht.

Eine große Stadt versank in gelbem Rauch,
Warf sich lautlos in des Abgrunds Bauch.
Aber riesig über glühnden Trümmern steht
Der in wilde Himmel dreimal seine Fackel dreht,

Über sturmzerfetzter Wolken Widerschein,
In des toten Dunkels kalte Wüstenein,
Daß er mit dem Brande weit die Nacht verdorr,
Pech und Feuer träufet unten auf Gomorrh.

DIE MENSCHEN STEHEN VORWÄRTS IN DEN STRASSEN... 109.
(Reinschrift, in Entwurf übergehend)

Die Menschen stehen vorwärts in den Straßen
Und sehen auf die großen Himmelszeichen,
Wo die Kometen mit den Feuernasen
Um die gezackten Türme drohend schleichen.

Und alle Dächer sind voll Sternedeuter,
Die in den Himmel stecken große Röhren.
Und Zaubrer, wachsend aus den Bodenlöchern,
In Dunkel schräg, die einen Stern beschwören.

Krankheit und Mißwachs durch die Tore kriechen
In schwarzen Tüchern. Und die Betten tragen
Das Wälzen und das Jammern vieler Siechen,
Und welche rennen mit den Totenschragen.

Selbstmörder gehen nachts in großen Horden,
Die suchen vor sich ihr verlornes Wesen,
Gebückt in Süd und West, und Ost und Norden,
Den Staub zerfegend mit den Armen-Besen.

Sie sind wie Staub, der hält noch eine Weile,
Die Haare fallen schon auf ihren Wegen,
Sie springen, daß sie sterben, <nun> in Eile,
Und sind mit totem Haupt im Feld gelegen.

Noch manchmal zappelnd. Und der Felder Tiere
Stehn um sie blind, und stoßen mit dem Horne
In ihren Bauch. Sie strecken alle viere
Begraben unter Salbei und dem Dorne.

[Das Jahr ist tot und leer von seinen Winden,
Das wie ein Mantel hängt voll Wassertriefen,
Und ewig Wetter, die sich klagend winden
Aus Tiefen wolkig wieder zu den Tiefen.]

Die Meere aber stocken. In den Wogen
Die Schiffe hängen modernd und verdrossen,
Zerstreut, und keine Strömung wird gezogen
Und aller Himmel Höfe sind verschlossen.

Die Bäume wechseln nicht die Zeiten
Und bleiben ewig tot in ihrem Ende
Und über die verfallnen Wege spreiten
Sie hölzern ihre langen Finger-Hände.

Wer stirbt, der setzt sich auf, sich zu erheben,
Und eben hat er noch ein Wort gesprochen.
Auf einmal ist er fort. Wo ist sein Leben?
Und seine Augen sind wie Glas zerbrochen.

Schatten sind viele. Trübe und verborgen.
Und Träume, die an stummen Türen schleifen,
Und der erwacht, bedrückt von andern Morgen,
Muß schweren Schlaf von grauen Lidern streifen.

Jakob van Hoddis
(1887-1942)

KINEMATOGRAPH   110.

Der Saal wird dunkel. Und wir sehn die Schnellen
Der Ganga, Palmen, Tempel auch des Brahma,
Ein lautlos tobendes Familiendrama
Mit Lebemännern dann und Maskenbällen.

Man zückt Revolver, Eifersucht wird rege,
·Herr Piefke duelliert sich ohne Kopf.
Dann zeigt man uns mit Kiepe und mit Kropf
Die Älplerin auf mächtig steilem Wege.

Es zieht ihr Pfad sich bald durch Lärchenwälder,
Bald krümmt er sich und dräuend steigt die schiefe
Felswand empor. Die Aussicht in der Tiefe
Beleben Kühe und Kartoffelfelder.

Und in den dunklen Raum – mir ins Gesicht –
Flirrt das hinein, entsetzlich! nach der Reihe!
Die Bogenlampe zischt zum Schluß nach Licht –
Wir schieben geil und gähnend uns ins Freie.

WELTENDE   111.

Dem Bürger fliegt vom spitzen Kopf der Hut,
In allen Lüften hallt es wie Geschrei.
Dachdecker stürzen ab und gehn entzwei
Und an den Küsten – liest man – steigt die Flut.

Der Sturm ist da, die wilden Meere hupfen
An Land, um dicke Dämme zu zerdrücken.
Die meisten Menschen haben einen Schnupfen.
Die Eisenbahnen fallen von den Brücken.

Kurt Schwitters
(1887-1948)

Cigarren [elementar]   112.

Cigarren
Ci
garr
ren
Ce
i
ge
a
err
err
e
en
Ce
CeI
CeIGe
CeIGeA
CeIGeAErr
CeIGeAErrEr
CeIGeAErrErr
CeIGeAErrErr
ErrEEn
EEn
En
Ce
i
ge
a
err
err
e

en
Ci
garr
ren
Cigarren

(Der letzte Vers wird gesungen).

Georg Trakl
(1887-1914)

DER TAU DES FRÜHLINGS... 113.

Der Tau des Frühlings der von dunklen Zweigen
Herniederfällt, es kommt die Nacht
Mit Sternenstrahlen, da des Lichtes du vergessen.

Unter dem Dornenbogen lagst <du> und es grub der
Stachel
Sich tief in den kristallenen Leib
Daß feuriger sich die Seele der Nacht vermähle.

Es hat mit Sternen sich die Braut geziert.
Die reine Myrthe
Die sich über des Toten anbetendes Antlitz neigt.

Blühender Schauer voll
Umfängt dich endlich der blaue Mantel der Herrin.

EIN WINTERABEND 114.
2. Fassung

Wenn der Schnee ans Fenster fällt,
Lang die Abendglocke läutet,
Vielen ist der Tisch bereitet
Und das Haus ist wohlbestellt.

Mancher auf der Wanderschaft
Kommt ans Tor auf dunklen Pfaden.
Golden blüht der Baum der Gnaden
Aus der Erde kühlem Saft.

Wanderer tritt still herein;
Schmerz versteinerte die Schwelle.
Da erglänzt in reiner Helle
Auf dem Tische Brot und Wein.

115.   GRODEK
                              2. Fassung

Am Abend tönen die herbstlichen Wälder
Von tödlichen Waffen, die goldnen Ebenen
Und blauen Seen, darüber die Sonne
Düstrer hinrollt; umfängt die Nacht
Sterbende Krieger, die wilde Klage
Ihrer zerbrochenen Münder.
Doch stille sammelt im Weidengrund
Rotes Gewölk, darin ein zürnender Gott wohnt
Das vergoßne Blut sich, mondne Kühle;
Alle Straßen münden in schwarze Verwesung.
Unter goldnem Gezweig der Nacht und Sternen
Es schwankt der Schwester Schatten durch den
                                    schweigenden Hain,
Zu grüßen die Geister der Helden, die blutenden Häupter;
Und leise tönen im Rohr die dunkeln Flöten des Herbstes.
O stolzere Trauer! ihr ehernen Altäre
Die heiße Flamme des Geistes nährt heute ein gewaltiger
                                                      Schmerz,
Die ungebornen Enkel.

116.   IM WINTER
                        Ein Winterabend 1. Fassung

Wenn der Schnee ans Fenster fällt,
Lang die Abendglocke läutet,
Vielen ist der Tisch bereitet
Und das Haus ist wohlbestellt.

Mancher auf der Wanderschaft
Kommt ans Tor auf dunklen Pfaden.
Seine Wunde voller Gnaden
Pflegt der Liebe sanfte Kraft.

O! des Menschen bloße Pein.
Der mit Engeln stumm gerungen,
Langt von heiligem Schmerz bezwungen
Still nach Gottes Brot und Wein.

KASPAR HAUSER LIED   117.
Für Bessie Loos

Er wahrlich liebte die Sonne, die purpurn den Hügel
                                        hinabstieg,
Die Wege des Walds, den singenden Schwarzvogel
Und die Freude des Grüns.

Ernsthaft war sein Wohnen im Schatten des Baums
Und rein sein Antlitz.
Gott sprach eine sanfte Flamme zu seinem Herzen:
O Mensch!

Stille fand sein Schritt die Stadt am Abend;
Die dunkle Klage seines Munds:
Ich will ein Reiter werden.

Ihm aber folgte Busch und Tier,
Haus und Dämmergarten weißer Menschen
Und sein Mörder suchte nach ihm.

Frühling und Sommer und schön der Herbst
Des Gerechten, sein leiser Schritt
An den dunklen Zimmern Träumender hin.
Nachts blieb er mit seinem Stern allein;

Sah, daß Schnee fiel in kahles Gezweig
Und im dämmernden Hausflur den Schatten des Mörders.

Silbern sank des Ungebornen Haupt hin.

118.   PSALM

Stille; als sänken Blinde an herbstlicher Mauer hin,
Lauschend mit morschen Schläfen dem Flug der Raben;
Goldne Stille des Herbstes, das Antlitz des Vaters in flackernder
                                                                              Sonne
Am Abend verfällt im Frieden brauner Eichen das alte Dorf,
Das rote Gehämmer der Schmiede, ein pochendes Herz.
Stille; in langsamen Händen verbirgt die hyazinthene Stirne die
                                                                              Magd
Unter flatternden Sonnenblumen. Angst und Schweigen
Brechender Augen erfüllt das dämmernde Zimmer, die
                                                              zögernden Schritte
Der alten Frauen, die Flucht des purpurnen Munds, der langsam
                                                              im Dunkel erlischt.

Schweigsamer Abend in Wein. Vom niedern Deckengebälk
Fiel ein nächtlicher Falter, Nymphe vergraben in bläulichen
                                                                              Schlaf.
Im Hof schlachtet der Knecht ein Lamm, der süße Geruch des
                                                                              Blutes
Umwölkt unsre Stirnen, die dunkle Kühle des Brunnens.
Nachtrauert die Schwermut sterbender Astern, goldne Stimmen
                                                                              im Wind.
Wenn es Nacht wird siehest du mich aus vermoderten Augen an,
In blauer Stille verfielen deine Wangen zu Staub.

So leise erlöscht ein Unkrautbrand, verstummt der schwarze
                                                              Weiler im Grund
Als stiege das Kreuz den blauen Kalvarienhügel herab,
Würfe die schweigende Erde ihre Toten aus.

Rudolf Leonhard
(1889-1953)

DER MONGOLISCHE TOTENKOPF 119.

Ein mongolischer Totenkopf
lag, vom Granatsplitter abgerissen, am Grabenrand.
Die Lider konnten die weißen Augen nicht mehr decken,
aber aus vergilbten Lippen sah man die trocknen Zähne
blecken.
Ein Soldat brachte ihn mit ins Heimatland.

Dort hat er ihn einem Mädchen gezeigt,
das hat sich tief darüber geneigt
und ihn dem Manne wild entrissen.
Sie legte den gelben Kopf auf ein seidnes Kissen.

Er wurde von vielen weißen Frauen
durch den Lärm der Straßen getragen.
Kinder drängten heran, an hielten die Wagen.
Männer schwiegen. Alle vereinten sich, näher und tiefer zu
schauen.

In dem langsameren Zuge erklang
ein Gesang:
»Einst Blick im Auge, Blut und Leben, Hirn
und Geist und Tat, und Lächeln, tote Stirn!
Jetzt – Staub noch nicht, zerfetztes Haar, das hing.
Ein weißer Knochen, bald ein Kot. Ein Ding!«

Vor die leise Singenden schob sich der Rathausturm.
Eine sprang vor, schüttelte hell die Haare, und
küßte den toten Kopf in den breiten Mund,
glitt über Stirn und Augenhöhlen mit Küssen.
Alle haben aufschreien müssen.
Oben begannen die Glocken Sturm.

Alfred Lichtenstein
(1889-1914)

120.   DIE DÄMMERUNG

Ein dicker Junge spielt mit einem Teich.
Der Wind hat sich in einem Baum gefangen.
Der Himmel sieht verbummelt aus und bleich,
Als wäre ihm die Schminke ausgegangen.

Auf lange Krücken schief herabgebückt
Und schwatzend kriechen auf dem Feld zwei Lahme.
Ein blonder Dichter wird vielleicht verrückt.
Ein Pferdchen stolpert über eine Dame.

An einem Fenster klebt ein fetter Mann.
Ein Jüngling will ein weiches Weib besuchen.
Ein grauer Clown zieht sich die Stiefel an.
Ein Kinderwagen schreit und Hunde fluchen.

Walter Hasenclever

(1890-1940)

DER POLITISCHE DICHTER 121.

Aus den Zisternen unterirdischer Gruben
Aufstößt sein Mund in Städte weißen Dampf,
Im rasend ausgespritzten Blut der Tuben
Langheulend Arbeit, Pause, Nacht und Kampf.

Mit Zwergen, die auf Buckeln riesig tragen
Der Lasten harte, eingefleischte Schwären,
Mit Sklaven, denen unter Peitschenschlagen
Die Beule reißt am Ruder der Galeeren.

Sein Arm bricht durch gewaltige Kanonaden
Von Völkerschwarm zum Mord gehetzter Heere,
Durch Kot und Stroh und faulend gelbe Maden
Im Kerker aller Revolutionäre.

Oft hängt sein Ohr an kleinen Dächerfirnen,
Wenn aus der Stadt die großen Glocken schlagen,
Mit vielen schweren und gebeugten Stirnen
Gefangenschaft der Armut zu ertragen.

Wenn nächtlich in den Kinos Unglück schauert,
Der Hunger bettelt hinter Marmorhallen,
Mißhandelt stirbt ein Kind und zugemauert
In Kasematten grobe Flüche fallen,

Wenn Defraudanten sich von Brücken werfen,
Im Lichtschein der Paläste aufgewiegelt,
Wenn Anarchisten ihre Messer schärfen,
Mit einem dunkeln Schwur zur Tat besiegelt,

Wenn Unrecht lodernd als der Wahrheit Feuer
Tyrannenhäupter giftig übersprießt,
Bis aus dem Wurm der Erde ungeheuer
Der Blitz des Aufruhrs, der Empörung schießt –

Ah dann: auf höchsten Türmen aller Städte
Hängt ausgespannt sein Herz in Morgenröte;
Asphaltene Dämmerung in des Schläfers Bette
Verscheucht Trompetenton: Steh auf und töte!

Steh auf und töte; Sturmattacken wüten.
Die Ketten rasen von Gewölben nieder.
An Ufern schweigend Parlamente brüten.
Die Kuppel birst. Schon lärmen Freiheitslieder.

Gezückte Rhapsodie berittener Schergen
Jagt quer durch Löcher, leer von Pflastersteinen.
Tumult steigt. Hindernis wächst auf zu Bergen.
Zerstampfte Frauen hinter Läden weinen.

Doch von den Kirchen donnern die Posaunen,
Schmettern Häuser dröhnend auf das Pflaster.
Die Telegraphen durch Provinzen raunen,
Es zuckt in Dynamit der Morsetaster.

Die letzten Züge stocken in den Hallen.
Geschütze rasseln vorwärts und krepieren.
Zerfetzte Massen sich im Blute ballen.
Die Straße klafft auf umgestürzten Tieren.

Aus Fenstern siedet Öl in die Alleen,
Wo Platzmajore aufgespießt verschimmeln.
Der Abend brennt, auf den Fabriken wehen
Die roten Fahnen von den grauen Himmeln. –

Halt ein im Kampf! Auch drüben schlagen Herzen.
Soldaten, Bürger: kennen wir uns wieder?

Brüderliches Wort in Rauch und Schmerzen.
Es sammelt sich der Zug. Formiert die Glieder.

Versöhnte Scharen nach dem Schlosse biegen,
Bis hoch auf dem Balkon der Herrscher steht:
»Nehmt vor den Toten, die hier unten liegen,
Den Hut ab und verneigt Euch, Majestät!« –

Lichtlose Asche. Nacht auf Barrikaden.
Gewalt wird ruchbar, alles ist erlaubt.
Die Diebslaterne schleicht im Vorstadtladen.
Plünderung hebt das Skorpionenhaupt.

Gewürm aus Kellern kriecht ins Bett der Reichen;
Auf weiße Mädchen fällt das nackte Vieh.
Sie schneiden Ringe ab vom Rumpf der Leichen.
Dumpf aus Kanälen heult die Anarchie.

Im Rohen weiter tanzt die wilde Masse
Mit Jakobinermützen, blutumbändert.
Gerechtigkeit, Gesetz der höchsten Rasse:
Vollende Du die Welt, die sie verändert!

Ihr Freiheitskämpfer, werdet Freiheitsrichter,
Bevor die Falschen Euer Werk verraten.
Von Firmamenten steigt der neue Dichter
Herab zu irdischen und größern Taten.

In seinem Auge, das den Morgen wittert,
Verliert die Nacht das Chaos der Umhüllung.
Die Muse flieht. Von seinem Geist umzittert
Baut sich die Erde auf und wird Erfüllung.

Sie reißt von ihrem Schild die alten Thesen,
Die Majorate listig sich vermachen.
Prärien tragen Brot für alle Wesen,
Denn alle Früchte reifen auch dem Schwachen.

Nicht in dem Schatten stählerner Amphoren
Erglühen Trusts, die ihre Beute jagen:
Ihr Präsidenten, eilt und seid geboren,
Den tausendköpfigen Moloch zu erschlagen!

Die Macht zerfällt. Wir werden uns vereinen.
Wir, schaukelnd auf atlantischen Transporten,
Auswandrer, denen Heimatwolken scheinen.
Europa naht. Es sinken Eisenpforten.

Jünglinge stehn in Universitäten
Und Söhne auf, die ihre Väter hassen,
Der Schuß geht los. In ausgedörrten Städten
Minister nicht mehr an den Tafeln prassen.

Das Volk verdirbt. Sie reden von Tribünen.
Schwemmt nicht die Lache Blut in ihren Saal?
Wann werden sie die Qual der Toten sühnen?
Schon durch die Länder läutet das Signal. –

Der Dichter träumt nicht mehr in blauen Buchten.
Er sieht aus Höfen helle Schwärme reiten.
Sein Fuß bedeckt die Leichen der Verruchten.
Sein Haupt erhebt sich, Völker zu begleiten.

Er wird ihr Führer sein. Er wird verkünden.
Die Flamme seines Wortes wird Musik.
Er wird den großen Bund der Staaten gründen.
Das Recht des Menschentums. Die Republik.

Kongresse blühn. Nationen sich beschwingen.
An weiten Meeren werden Ufer wohnen.
Sie leben nicht, einander zu verschlingen:
Verbrüdert ist ihr Herz in starren Zonen.

Nicht Kriege werden die Gewalt vernichten.
Stellt Generäle an auf Jahrmarktfesten.

Dem Frieden eine Stätte zu errichten,
Versammelt sind die Edelsten und Besten.

Nicht mehr in Waffen siegt ein Volk, Du weißt es;
Denn keine Schlacht entscheidet seinen Lauf.
So steige mit der Krone Deines Geistes,
Geliebte Schar, aus taubem Grabe auf!

Klabund
(1890-1928)

122.   IRONISCHE LANDSCHAFT

Gleich einem Zuge grau zerlumpter Strolche
Bedrohlich schwankend wie betrunkne Särge
Gehn Abendwolken über jene Berge,
In ihren Lumpen blitzen rote Sonnendolche.

Da wächst, ein schwarzer Bauch, aus dem Gelände
Der Landgendarm, daß er der Ordnung sich beflisse,
Und scheucht mit einem bösen Schütteln seiner Hände
Die Abendwolkenstrolche fort ins Ungewisse.

Kurt Tucholsky
(1890-1935)

BESCHLAGNAHMEFREIES GEDICHT   **123.**

Ich bin klein.
Mein Herz ist rein.
Soll niemand drin wohnen als nach Belieben auszufüllen
allein.
Lieb Vaterland, magst ruhig sein,
fest steht, daß Ponds Creme das beste für die Haut ist.
Hipp.
Wer seine Obrigkeit läßt walten,
der bleibet immer wohlbehalten.
Hipp, hipp.
Wenn ich nur meinen Adolf hab,
bis an mein schwarz-weiß-rotes Grab.
Hurra.
Ein Veilchen stund an Baches Ranft,
so preußisch-blau, so lind und sanft;
da kam ein kleines Schaf daher,
jetzt steht da gar kein Veilchen mehr.
Hurra.
Ein Richter steht im Walde,
so still und stumm.
Er war republikanisch bis zuletzt,
drum haben sie ihn in den Wald versetzt,
und da steht nun der Richter,
auf seinem linken Bein,
ganz allein.
Lieb Vaterland (siehe oben).
Siehst du die Brigg dort auf den Wellen?
»Rechts müßt ihr steuern!« hallt der Schrei.
Die Republik kann nicht zerschellen,
Frau Wirtin hatte auch ein Ei.

Die Zeiten werden schön und schöner.
Ich denk an Männer, kühn und barsch:
An Noske, Geßler und auch Groener.
Lieb Vaterland (siehe oben).

Franz Werfel
(1890-1945)

VATER UND SOHN   124.

Wie wir einst in grenzenlosem Lieben
Späße der Unendlichkeit getrieben
Zu der Seligen Lust –
Uranos erschloß des Busens Bläue,
Und vereint in lustiger Kindertreue
Schaukelten wir da durch seine Brust.

Aber weh! Der Äther ging verloren,
Welt erbraust und Körper ward geboren,
Nun sind wir entzweit.
Düster von erbosten Mittagsmählern
Treffen sich die Blicke stählern,
Feindlich und bereit.

Und in seinem schwarzen Mantelschwunge
Trägt der Alte wie der Junge
Eisen hassenswert.
Die sie reden, Worte, sind von kalter
Feindschaft der geschiedenen Lebensalter,
Fahl und aufgezehrt.

Und der Sohn harrt, daß der Alte sterbe,
Und der Greis verhöhnt mich jauchzend: Erbe!
Daß der Orkus widerhallt.
Und schon klirrt in unsern wilden Händen
Jener Waffen – kaum noch abzuwenden –
Höllische Gewalt.

Doch auch uns sind Abende beschieden
An des Tisches hauserhabenem Frieden,

Wo das Wirre schweigt,
Wo wir's nicht verwehren trauten Mutes,
Daß, gedrängt von Wallung gleichen Blutes,
Träne auf- und niedersteigt.

Wie wir einst in grenzenlosem Lieben
Späße der Unendlichkeit getrieben,
Ahnen wir im Traum.
Und die leichte Hand zuckt nach der greisen,
Und in einer wunderbaren, leisen
Rührung stürzt der Raum.

Johannes R. Becher
(1891-1958)

BEENGUNG 125.

Die Welt wird zu enge. Die Städte langweilig.
So schmal alle Länder. Die Meere zu klein.
Die Körper, in giftigen Räuschen entheiligt,
Sie welken und stürzen zu Schutthaufen ein.

Da ahnen wir Himmel wohl gischtenden Blutes.
Ekstasen trommeln wach Hölle und Grab.
Wir stöhnen verkommend in kalkfeuchter Bude,
Daß uns der Zusammenbruch rette und lab!

Was sollen wir noch? Die Welt wird zu enge.
Der Polizei gelingen unglaubliche Fänge.
Und humpeln verzweifelt wir über den Strich:
Die Mädchen ausgepreßt, fade und trocken.
In Cafés und Cinémas Spießbürger hocken.
Und Goethe glänzt, aufrecht und widerlich.

Verflucht sei der Straßen einförmige Strenge,
Die strecken sich grinsend in endlose Länge.
Oh, daß doch ein Brand unsere Haupte bewölb!
Es rascheln gewitternd Horizonte fahlgelb.

Daß auf der Galeere wir duldsam bald schwitzten,
Daß wälzten wir uns auf der Ruderer Bank!
So aber wir faulen an hohen Pultsitzen
Und bröckeln zu Mehlstaub in Wartsälen bang.

Wir horchen auf wilder Trompetdonner Stöße
Und wünschten herbei einen großen Weltkrieg.

In unseren Ohren der Waffen Lärm töset,
Kanonen und Stürme in buntem Gewieg.

Erreget Skandale! Die Welt wird zu enge.
Es johlt vor Palästen die ärmliche Menge.
Es trümmern die Tore. Es klirren die Fenster.
Die Mauern, sie wanken, die schüssedurchsiebten.
Vergessen wir unsere schmerzlich Geliebten!
Wir bleiben am besten zurück als Gespenster.

Wie funkelt das Dunkel! Der Abend voll Gräuel.
Die Wagen und Nachtmenschen waten in Schmutz.
Kinder, aber Kinder in flammender Bläue
Flehen zur ewigen Mutter um Schutz.

Nicht ehren wir Gott mehr. Er hat uns geraubt
Die Kräfte. Verwarf uns zu Fetzen und Scherben.
Er hat uns mit Wolken des Zornes belaubt.
Erpresser mit Krankenhaus, Hunger und Sterben.

Die Nerven gepeitschet! Die Welt wir<d> zu enge.
Laßt schlagen uns durchs Gestrüpp und Gedrängel!
Es wackeln Soldaten mit schiefen Hüten.
Die Welt wird zu enge. Wir zittern und frieren
In Domen und modrigen Schauerrevieren...
Und poltern und würgen und drohen und wüten...

126.   HYMNE AUF ROSA LUXEMBURG

Auffüllend dich rings mit Strophen aus Oliven.
Tränen Mäander umwandere dich!
Stern-Genächte dir schlagend als Mantel um,
Durchwachsen von Astbahnen hymnischen Scharlach-
                                              bluts...
O Würze du der paradiesischen Auen:
Du Einzige!

Du Heilige!
O Weib! –

Durch die Welten rase ich –:
Einmal noch deine Hand, diese Hand zu fassen:
Zauberisches Gezweig an Gottes Rosen - Öl - Baum.
Wünschel - Rute dem Glück - Sucher.
. . .In dich, o mütterlichste der Harfen träuft unser aller
                                                    Heimat Klang. . .
Fünfzack diktatorisch über unsre Häupter gespannt.
Blut - Quell dieser Finger Millionen Ärmster Gitter durch-
                                                    feilte er.

Durch die Welten rase ich –:
Einmal noch deinen Mund, diesen Mund zu fühlen:
Licht - Atmer, Schmetterlings - Grund,
Oboen Gewalt - Strom, Ambrosia - Hügel - Land,
Seligster Speise. . .
Prophetische Schwermut dämmernd am Lippen - Schwung.
Alle tragen,
Einen jeden süßt dein Kuß:
Schimmernde Dolde der Feuchte.

Milde Milch Ohnmächtigen tödlichen Falls,
Verlorene Söhne Befragende ihn –
! Du Silber - Tau im Steppen - Brand!
– Du Himmels - Trost im Höllen - Schmerz!
– Du Lächel - Mond am Mord - Zenit!
– Du tiefste Purpur - Pause im Antlitz - Krampf!
Notschrei Jeremias
Ekstatischer Auftakt.
Gewitter - Sätze versammelt in dir.
Blanke unschuldsvolle
Reine jungfrauweiße
Taube Glaubens - Saft
Ob Tribünen - Altar schwebend Hostie hoch.

Welten durchrase ich –:
Hin gegen die Elfenbein - Küsten deines Ohrs,
An die gigantischen Ur - Trichter, die Tulpen - Kelch - Rohre
                                    der sibyllinischen Mütter hin,
An euch hin, gigantische Ur - Trichter,
Aufsaugend sie alle die erdhaften Geräusche,
Die kindlichen Wunsch- wie die fieberichten Angst-
                                    träume der Ärmsten,
Bettler und Strolche Wehgeheul,
Die schlechte, zusammengeflickte Tirade der Angeklagten,
Die Abschieds - Arie erschossenen Häsleins,
Brombeer - Strauch trillernd einen Feuertod,
Die phraseologische Programm - Fanfare des Kriegs…
Fabrik - Sirenen verkündend Empörungs - Stund.
– – – Gigantischer Ur - Trichter:
Mich tiefst hineinflüsternd mit schmählichster Sünden
                                    Beichte.
Millionen o haften mit ihren innersten (berstenden!)
                                    Bekenntnissen an ihm,
Beätzt und gefleckt die Membrane von tausenden
                                    (zerrissensten!) Nöten dir!
Und und:
Beglänzt von den unendlichen (Flöten - und Posaunen -)
                                    Weisen der Seraphims,
Ja: denn auch der Sphären Elan verzückte dich:
O Musik zu Musik!
O Melodie!

Welten durchrasend –:
Deine Stirn! O diese Stirn!
Lilien - Schnee - Gemäuer hüllend ewigen Gedanken,
Acker - Furche bergend sichere Saat.
Ernte knospet schon aus Stoß und Wunde.
Geistes Wall. Heiliger Thron.
Aus des Orkus Hintergründen
Schlagen Taifun - Falten,
Aber Engel glätten dich,

Lösen aus und salbend dich,
Deren Herzens Flammen - Reiche Palmenwald enthalten.

Welten, ja Welten durchraste ich –:
Deine Augen, diese Augen,
Krater - Aug mit Azur Licht zu stillen.
Gletscher - Bläue in den Dolch - Grund,
In die wüst zerzackte Mitternacht,
In der Wangen Peitschen Aufruhr
Kühlend magischen Mond zu tauchen,
Augen –: Späher aus der Arche ausgeschickte.
Selten kehrten sie zurück.
. . . Daß ihr Eiland sie erblickten.
Paradiesische Früchte pflückten
Flügelnd schlössen sich im Glück . . .
– – –

Bürger! Würger! Faust und Kolben
Stampften kotwärts deinen Kopf.
! Doch du gewitterst. Deine Himmel platzen.
Ob allen Ländern steht dein Morgen - Rot.

Durch die Welten rase ich –:
Den geschundenen Leib
Abnehmend vom Kreuz,
In weicheste Linnen ihn hüllend
Triumph dir durch die Welten blase ich:
Dir, Einzige!!
Dir, Heilige!!
O Weib!!!

Georg Britting
(1891-1964)

127.   WAS HAT, ACHILL...

Unbehelmt,
Voran der Hundemeute,
Über das kahle Vorgebirge her
Auf ihrem Rappen eine,
Den Köcher an der bleichen Mädchenhüfte.

Ein Falke kreist im blauen, großen,
Unermeßlich blauen,
Großen Himmel.

Er wird niederstoßen,
Die harten Krallen und den krummen Schnabel
Im Blut zu tränken, dem purpurnen Saft,
An dem das Falkenvolk sich wild berauscht.

Die nackte Brust der Reiterin.
Ihr glühend Aug.
Die Tigerhunde.
Der Rappe, goldgezügelt.
Sie hält ihn an.

Mit allem Licht
Tritt aus den Wäldern vor
Der Mann der Männer.
Die Tonnenbrust.
Auf starkem Hals das apfelkleine Haupt.

Er sieht die Reiterin.
Und sie sieht ihn.

So stehn sich zwei Gewitter still
Am Morgen- und am Abendhimmel gegenüber.

Der Falke schwankt betrunken auf der Beute.
Was hat, Achill,
Dein Herz?
Was auch sein Schlag bedeute:
Heb auf den Schild aus Erz!

Yvan Goll
(1891-1950)

128.   O VATER

I

O, Dir begegnend in den Kulissen des Gesteins
Dort wo der Urvogel singt
Umarmst Du mich mit den Mänteln des Winds
Dort wo die Neublume steigt

Dein Name wohnt im Gedächtnis der Eichen
Und in der Schwalbeninschrift
Auf dem Pergament des Gewölks

Und im Gefälle der Bäche
Gefällt sich Dein Gelächter

II

O Vater, wenn die Säer und die Lerchen schlafen
Bist Du der Herr der schwingenden Äcker
Dein goldenes Gerippe tönt
Harfe in der grünen Nacht
Vom Sturm der Jahrzeiten geschüttelt

Dein Blütenbart funkelt zart
Im Heckenrosenbusch
Ernst brennt das Lächeln Deines Mondes

Mir ist die überwirkliche Natur
Undenkbar ohne Dich

III

O von den Himmeln Ungenannter
Auf blauem Pferd Du Wolkenfürst
Den Sohn zum heiligen Mittag führend
Im Bogen bis zur Mitternacht

Im Osten steigt das rote Kranichsdreieck
Wegweiser zur Geduld
Der westlichen Schuld: denn wo
Wo sterben diese Kraniche?

Wolken Wolken über offenen Gräbern!

IV

O Vater, Dein Auge brennt im Himmelsgesicht
Ein räuberisches, ein orangenes Auge
Und keine Wimper der Jahrtausende
Dämpft sein beseligendes Licht

Es schwebt. Ein allsehender Planet
Pechblendegelb und keine Lüge duldend –
Wie sehr die Erde rast.
Wie sehr mein Herz auch tobt
Vom unstillbaren Öl der Güte wohlgetränkt
Durchstrahlt es mich bei Tag und Nacht
Du gabst mir das innere Auge
Zu finden den Weg ins immer offenere Grab
Und meine Freiheit in Deinem geliebten Gesetz

Nelly Sachs
(1891-1970)

129.   HINTER DEN LIPPEN...

HINTER DEN LIPPEN
Unsagbares wartet
reißt an den Nabelsträngen
der Worte

Märtyrersterben der Buchstaben
in der Urne des Mundes
geistige Himmelfahrt
aus schneidendem Schmerz –

Aber der Atem der inneren Rede
durch die Klagemauer der Luft
haucht geheimnisentbundene Beichte
sinkt ins Asyl
der Weltenwunde
noch im Untergang
Gott abgelauscht –

130.   IHR MEINE TOTEN...

IHR MEINE TOTEN
Eure Träume sind Waisen geworden
Nacht hat die Bilder verdeckt
Fliegend in Chiffren eure Sprache singt

Die Flüchtlingsschar der Gedanken
eure wandernde Hinterlassenschaft
bettelt an meinem Strand

Unruhig bin ich
sehr erschrocken
den Schatz zu fassen mit kleinem Leben

Selbst Inhaber von Augenblicken
Herzklopfen Abschieden
Todeswunden
wo ist mein Erbe

Salz ist mein Erbe

Josef Weinheber
(1892-1945)

131.   GEIST – SPRACHE

Da er ein Mann ist, muß er um sie werben.
Da sie ein Weib ist, schenkt sie sich ihm ganz.
Er kann sie zwingen nicht, jedoch verderben.
Sie kann ihn nur erhöhn mit ihrem Glanz.

Die hellen Söhne, die sie ihm geboren,
vererben ihm ihr Blut. So stirbt er nicht.
Und bis ins letzte Lächeln, unverloren,
bezeugen sie das Mutterangesicht.

Gertrud Kolmar
(1894-1943)

TRAUERSPIEL   132.

Der Tiger schreitet seine Tagereise
Viel Meilen fort.
Zuweilen gegen Abend nimmt er Speise
Am fremden Ort.

Die Eisenstäbe: alles, was dahinter
Vergeht und säumt,
Ist Schrei und Stich und frostig fahler Winter
Und nur geträumt.

Er gleitet heim: und mußte längst verlernen,
Wie Heimat sprach.
Der Käfig stutzt und wittert sein Entfernen
Und hetzt ihm nach.

Er flackert heller aus dem blinden Schmerze,
Den er nicht nennt,
Nur eine goldne rußgestreifte Kerze,
Die glitzernd sich zu Tode brennt.

Heimito von Doderer
(1896-1966)

133.   AUF DIE STRUDLHOFSTIEGE ZU WIEN

Wenn die Blätter auf den Stufen liegen
herbstlich atmet aus den alten Stiegen
was vor Zeiten über sie gegangen.
Mond darin sich zweie dicht umfangen
hielten, leichte Schuh und schwere Tritte,
die bemooste Vase in der Mitte
überdauert Jahre zwischen Kriegen.

Viel ist hingesunken uns zur Trauer
und das Schöne zeigt die kleinste Dauer.

Theodor Kramer
(1897-1958)

IM BURGENLAND 134.

Die dunklen Tümpel sind gefroren
und Sensen mähen fahles Rohr.
Der Schnee hat seinen Glanz verloren,
ein Kormoran bricht schwarz hervor.

Die Schlitten warten, ihre Kufen
dem Dorf gleich Schnäbeln zugekehrt.
Der Abend steigt herauf in Stufen,
das Schweigen hat sich grau vermehrt.

Süß schmeckt da Schnaps zu dürren Pflaumen;
die Zügel frieren in die Hand
und nur die nußgeschwärzten Daumen
stehn ab und deuten wach ins Land.

WENN EIN PFRÜNDNER EINMAL WEIN WILL 135.

Wenn ein Pfründner einmal Wein will,
sucht er im Gemeindehaus
eine Harke, eine Schlinge,
und dazu noch eine Schwinge,
geht er auf den Anger aus.

Wo die Erde fett und frisch ist,
gräbt er schwarz dem Maulwurf nach.
Raben krächzen in den Kolken,
leise ziehen weiße Wolken
und die Gräser gilben brach.

Alle Gänge hebt der Pfründner
gründlich aus, die Zunge dick,
faßt die samtnen bei den Fellen,
schlägt die traurigen Gesellen
mit dem Schaft in das Genick.

Mittags mißt der Armenvater
ihm den Trunk zu trübem Rausch.
Faulig schmeckt der Wein, die Krallen
rosenroter Zehenballen
wachsen zart in seinen Rausch.

Bertolt Brecht
(1898-1956)

AN DIE NACHGEBORENEN   **136.**

I

Wirklich, ich lebe in finsteren Zeiten!
Das arglose Wort ist töricht. Eine glatte Stirn
Deutet auf Unempfindlichkeit hin. Der Lachende
Hat die furchtbare Nachricht
Nur noch nicht empfangen.
Was sind das für Zeiten, wo
Ein Gespräch über Bäume fast ein Verbrechen ist
Weil es ein Schweigen über so viele Untaten einschließt!
Der dort ruhig über die Straße geht
Ist wohl nicht mehr erreichbar für seine Freunde
Die in Not sind?

Es ist wahr: ich verdiene noch meinen Unterhalt
Aber glaubt mir: das ist nur ein Zufall. Nichts
Von dem, was ich tue, berechtigt mich dazu, mich satt-
                                                    zuessen.
Zufällig bin ich verschont. (Wenn mein Glück aussetzt,
                                        bin ich verloren.)

Man sagt mir: Iß und trink du! Sei froh, daß du hast!
Aber wie kann ich essen und trinken, wenn
Ich dem Hungernden entreiße, was ich esse, und
Mein Glas Wasser einem Verdurstenden fehlt?
Und doch esse und trinke ich.

Ich wäre gerne auch weise.
In den alten Büchern steht, was weise ist:
Sich aus dem Streit der Welt halten und die kurze Zeit

Ohne Furcht verbringen
Auch ohne Gewalt auskommen
Böses mit Gutem vergelten
Seine Wünsche nicht erfüllen, sondern vergessen
Gilt für weise.
Alles das kann ich nicht:
Wirklich, ich lebe in finsteren Zeiten!

II

In die Städte kam ich zur Zeit der Unordnung
Als da Hunger herrschte.
Unter die Menschen kam ich zu der Zeit des Aufruhrs
Und ich empörte mich mit ihnen.
So verging meine Zeit
Die auf Erden mir gegeben war.

Mein Essen aß ich zwischen den Schlachten
Schlafen legte ich mich unter die Mörder
Der Liebe pflegte ich achtlos
Und die Natur sah ich ohne Geduld.
So verging meine Zeit
Die auf Erden mir gegeben war.

Die Straßen führten in den Sumpf zu meiner Zeit.
Die Sprache verriet mich dem Schlächter.
Ich vermochte nur wenig. Aber die Herrschenden
Saßen ohne mich sicherer, das hoffte ich.
So verging meine Zeit
Die auf Erden mir gegeben war.

Die Kräfte waren gering. Das Ziel
Lag in großer Ferne
Es war deutlich sichtbar, wenn auch für mich
Kaum zu erreichen.
So verging meine Zeit
Die auf Erden mir gegeben war.

III

Ihr, die ihr auftauchen werdet aus der Flut
In der wir untergegangen sind
Gedenkt
Wenn ihr von unseren Schwächen sprecht
Auch der finsteren Zeit
Der ihr entronnen seid.

Gingen wir doch, öfter als die Schuhe die Länder wechselnd
Durch die Kriege der Klassen, verzweifelt
Wenn da nur Unrecht war und keine Empörung.

Dabei wissen wir doch:
Auch der Haß gegen die Niedrigkeit
Verzerrt die Züge.
Auch der Zorn über das Unrecht
Macht die Stimme heiser. Ach, wir
Die wir den Boden bereiten wollten für Freundlichkeit
Konnten selber nicht freundlich sein.

Ihr aber, wenn es so weit sein wird
Daß der Mensch dem Menschen ein Helfer ist
Gedenkt unsrer
Mit Nachsicht.

DAS SCHIFF   137.

I

Durch die klaren Wasser schwimmend vieler Meere
Löst ich schaukelnd mich von Ziel und Schwere
Mit den Haien ziehend unter rotem Mond.
Seit mein Holz fault und die Segel schlissen
Seit die Seile modern, die am Strand mich rissen
Ist entfernter mir und bleicher auch mein Horizont.

2

Und seit jener hinblich und mich diesen
Wassern die entfernten Himmel ließen
Fühl ich tief, daß ich vergehen soll.
Seit ich wußte, ohne mich zu wehren
Daß ich untergehen soll in diesen Meeren
Ließ ich mich den Wassern ohne Groll.

3

Und die Wasser kamen, und sie schwemmten
Viele Tiere in mich, und in fremden
Wänden freundeten sich Tier und Tier.
Einst fiel Himmel durch die morsche Decke
Und sie kannten sich in jeder Ecke
Und die Haie blieben gut in mir.

4

Und im vierten Monde schwammen Algen
In mein Holz und grünten in den Balken:
Mein Gesicht ward anders noch einmal.
Grün und wehend in den Eingeweiden
Fuhr ich langsam, ohne viel zu leiden
Schwer mit Mond und Pflanze, Hai und Wal.

5

Möw' und Algen war ich Ruhestätte
Schuldlos immer, daß ich sie nicht rette.
Wenn ich sinke, bin ich schwer und voll.
Jetzt, im achten Monde, rinnen Wasser
Häufiger in mich. Mein Gesicht wird blasser.
Und ich bitte, daß es enden soll.

6

Fremde Fischer sagten aus: sie sahen
Etwas nahen, das verschwamm beim Nahen.
Eine Insel? Ein verkommnes Floß?
Etwas fuhr, schimmernd von Möwenkoten
Voll von Alge, Wasser, Mond und Totem
Stumm und dick auf den erbleichten Himmel los.

DEUTSCHLAND 138.

In Sturmesnacht, in dunkler Nacht
Ist ein Reis erblühet
In Ängsten bin ich aufgewacht
Und fand das Reis erblühet.

Der Hitlerspuk, der blutige Spuk
Wird auch einst sein verwehet:
»Die Hitlers kommen und gehen
Das deutsche Volk bestehet.«

Der Hitler wird verjaget sein
Wenn wir uns nur bemühen.
Und unser liebes Deutschland
Wird wieder blühen.

EINHEITSFRONTLIED 139.

1

Und weil der Mensch ein Mensch ist
Drum will er was zu essen, bitte sehr!
Es macht ihn ein Geschwätz nicht satt
Das schafft kein Essen her.

Drum links, zwei, drei!
Drum links, zwei, drei!
Wo dein Platz, Genosse, ist!
Reih dich ein in die Arbeitereinheitsfront
Weil du auch ein Arbeiter bist.

2

Und weil der Mensch ein Mensch ist
Hat er Stiefel im Gesicht nicht gern.
Er will unter sich keinen Sklaven sehn
Und über sich keinen Herrn.
Drum links, zwei, drei!
Drum links, zwei, drei!
Wo dein Platz, Genosse, ist!
Reih dich ein in die Arbeitereinheitsfront
Weil du auch ein Arbeiter bist.

3

Und weil der Prolet ein Prolet ist
Drum wird ihn kein andrer befrein.
Es kann die Befreiung der Arbeiter nur
Das Werk der Arbeiter sein.
Drum links, zwei, drei!
Drum links, zwei, drei!
Wo dein Platz, Genosse, ist!
Reih dich ein in die Arbeitereinheitsfront
Weil du auch ein Arbeiter bist.

ERINNERUNG AN DIE MARIE A. 140.

1

An jenem Tag im blauen Mond September
Still unter einem jungen Pflaumenbaum
Da hielt ich sie, die stille bleiche Liebe
In meinem Arm wie einen holden Traum.
Und über uns im schönen Sommerhimmel
War eine Wolke, die ich lange sah
Sie war sehr weiß und ungeheuer oben
Und als ich aufsah, war sie nimmer da.

2

Seit jenem Tag sind viele, viele Monde
Geschwommen still hinunter und vorbei.
Die Pflaumenbäume sind wohl abgehauen
Und fragst du mich, was mit der Liebe sei?
So sag ich dir: ich kann mich nicht erinnern
Und doch, gewiß, ich weiß schon, was du meinst.
Doch ihr Gesicht, das weiß ich wirklich nimmer
Ich weiß nur mehr: ich küßte es dereinst.

3

Und auch den Kuß, ich hätt ihn längst vergessen
Wenn nicht die Wolke dagewesen wär
Die weiß ich noch und werd ich immer wissen
Sie war sehr weiß und kam von oben her.
Die Pflaumenbäume blühn vielleicht noch immer
Und jene Frau hat jetzt vielleicht das siebte Kind
Doch jene Wolke blühte nur Minuten
Und als ich aufsah, schwand sie schon im Wind.

141.   VOM ERTRUNKENEN MÄDCHEN

1

Als sie ertrunken war und hinunterschwamm
Von den Bächen in die größeren Flüsse
Schien der Opal des Himmels sehr wundersam
Als ob er die Leiche begütigen müsse.

2

Tang und Algen hielten sich an ihr ein
So daß sie langsam viel schwerer ward.
Kühl die Fische schwammen an ihrem Bein
Pflanzen und Tiere beschwerten noch ihre letzte Fahrt.

3

Und der Himmel ward abends dunkel wie Rauch
Und hielt nachts mit den Sternen das Licht in Schwebe.
Aber früh ward er hell, daß es auch
Noch für sie Morgen und Abend gebe.

4

Als ihr bleicher Leib im Wasser verfaulet war
Geschah es (sehr langsam), daß Gott sie allmählich vergaß
Erst ihr Gesicht, dann die Hände und ganz zuletzt erst ihr
                                                              Haar.
Dann ward sie Aas in Flüssen mit vielem Aas.

Marie Luise Kaschnitz
(1901-1974)

DIE WIRKLICHKEIT   142.

Kannst du schlafen, Lächelnde, noch immer?
Willst an meiner Brust der Zeit entfliehen?
Siehst du nicht des Nachts im kalten Schimmer
Meereswellen voll von Toten ziehen?

Siehst du Feuer nicht vom Himmel regnen?
Leugnest du den Schrei gequälter Brust?
Muß dir tausendfach der Tod begegnen,
Ehe du der Wirklichkeit bewußt?

Laß mich ruhen, Liebster, laß mich bleiben.
Selber muß ich mit den Wellen treiben.
Selber muß ich brennen, kommt die Zeit.

Heute nur mit jedem meiner Sinne
Werd ich tiefer deines Wesens inne.
Dieses ist die Wirklichkeit.

Peter Huchel
(1903 - 1981)

143.   AUFFLIEGENDE SCHWÄNE

Noch ist es dunkel, im Erlenkreis,
Die Flughaut nasser Nebel
Streift dein Kinn. Und in den See hinab,
Klaftertief,
Hängt schwer der Schatten.

Ein jähes Weiß,
Mit Füßen und Flügeln das Wasser peitschend,
Facht an den Wind. Sie fliegen auf,
Die winterbösen Majestäten.
Es pfeift metallen.
Duck dich ins Röhricht.
Schneidende Degen
Sind ihre Federn.

144.   ÖLBAUM UND WEIDE

Im schroffen Anstieg brüchiger Terrassen
dort oben der Ölbaum,
am Mauerrand
der Geist der Steine,
noch immer
die leichte Brandung
von grauem Silber in der Luft,
wenn Wind die blasse Unterseite
des Laubs nach oben kehrt.

Der Abend wirft sein Fangnetz ins Gezweig.
Die Urne aus Licht
versinkt im Meer.
Es ankern Schatten in der Bucht.

Sie kommen wieder, verschwimmend im Nebel,
durchtränkt
vom Schilfdunst märkischer Wiesen,
die wendischen Weidenmütter,
die warzigen Alten
mit klaffender Brust,
am Rand der Teiche,
der dunkeläugig verschlossenen Wasser,
die Füße in die Erde grabend,
die mein Gedächtnis ist.

OPHELIA   145.

Später, am Morgen,
gegen die weiße Dämmerung hin,
das Waten von Stiefeln
im seichten Gewässer,
das Stoßen von Stangen,
ein rauhes Kommando,
sie heben die schlammige
Stacheldrahtreuse.

Kein Königreich,
Ophelia,
wo ein Schrei
das Wasser höhlt,
ein Zauber
die Kugel
am Weidenblatt zersplittern läßt.

Rose Ausländer
(1907-1988)

146.   WANN ZIEHN WIR EIN

Wann ziehn wir ein
ins besamte Wort
Löwenzahnhaus
feingesponnen
im luftfarbnen Licht

Kein Luftschloß
Wortall
jedes Wort
in der Kugel
ein Samen

Wann graben wir aus
den verschütteten Quell
werfen alle Münzen
in den Brunnen
schöpfen Wassersterne
für die Löwenzahnwiese

Wann ziehn wir ein
in den Löwenzahnstern
ins besamte Wort

Günter Eich
(1907-1972)

Abgelegene Gehöfte   147.

Die Hühner und Enten treten
den Hof zu grünlichem Schmutz.
Die Bauern im Hause beten.
Von den Mauern bröckelt der Putz.

Der Talgrund zeichnet Mäander
in seine Wiesen hinein.
Die Weide birgt Alexander,
Cäsarn der Brennesselstein.

Auch wo die Spinnen weben,
der Spitz die Bettler verbellt,
im Rübenland blieben am Leben
die großen Namen der Welt.

Die Ratten pfeifen im Keller,
ein Vers schwebt im Schmetterlingslicht,
die Säfte der Welt treiben schneller,
Rauch steigt wie ein feurig Gedicht.

Fussnote zu Rom   148.

Ich werfe keine Münzen in den Brunnen,
ich will nicht wiederkommen.

Zuviel Abendland,
verdächtig.

Zuviel Welt ausgespart.
Keine Möglichkeit
für Steingärten.

149.   LATRINE

Über stinkendem Graben,
Papier voll Blut und Urin,
umschwirrt von funkelnden Fliegen,
hocke ich in den Knien,

den Blick auf bewaldete Ufer,
Gärten, gestrandetes Boot.
In den Schlamm der Verwesung
klatscht der versteinte Kot.

Irr mir im Ohre schallen
Verse von Hölderlin.
In schneeiger Reinheit spiegeln
Wolken sich im Urin.

»Geh aber nun und grüße
die schöne Garonne –«
Unter den schwankenden Füßen
schwimmen die Wolken davon.

Ernst Meister
(1911-1979)

AM MEER...   150.

Am Meer
ein Lachen, sie haben
den Fisch gefangen, der spricht.
Doch er sagt,
was jedermann meint.

HIRTIN   151.

Die sie ruft, die Lämmer,
Hirtin,
hütet sie nicht auch
die Schemen solcher
Schafe, die sie überließ
den Schlächtern?

Sag,
mit welcher Stimme
lockt sie ihre Tiere
heimwärts
abends?

Aber sieh,
dann trotten
neben warmen Vliesen
in dem Strahlen
einer Liliensonne
Lammskelette.

Christine Busta
(geb. 1915)

152.   EINSAMER MITTAG

Fern verhallt das satanische Meckern der Ziegen.
Furchtbarer Pan, ich hab mich im Dickicht verstiegen!
Zwischen den glühenden Gräsern an meiner Wange
spür ich sie züngeln: Stille, die lidlose Schlange.

Karl Krolow
(geb. 1915)

DER AUGENBLICK DES FENSTERS   153.

Jemand schüttet Licht
Aus dem Fenster.
Die Rosen der Luft
Blühen auf,
Und in der Straße
Heben die Kinder beim Spiel
Die Augen.
Tauben naschen
Von seiner Süße.
Die Mädchen werden schön
Und die Männer sanft
Von diesem Licht.
Aber ehe es ihnen die anderen sagen,
Ist das Fenster von jemandem
Wieder geschlossen worden.

DREI ORANGEN, ZWEI ZITRONEN   154.

Drei Orangen, zwei Zitronen: –
Bald nicht mehr verborgne Gleichung,
Formeln, die die Luft bewohnen,
Algebra der reifen Früchte!

Licht umschwirrt im wespengelben
Mittag lautlos alle Wesen.
Trockne Blumen ruhn im selben
Augenblick auf trocknem Wind.

Drei Orangen, zwei Zitronen.
Und die Stille kommt mit Flügeln.
Grün schwebt sie durch Ulmenkronen,
Selges Schiff, matrosenheiter.

Und der Himmel ist ein blaues
Auge, das sich nicht mehr schließt
Über Herzen: ein genaues
Wunder, schwankend unter Blättern.

Drei Orangen, zwei Zitronen: –
Mathematisches Entzücken,
Mittagsschrift aus leichten Zonen!
Zunge schweigt bei Zunge. Doch
Alter Sinn gurrt wie ein Tauber.

155.   ROBINSON

I

Immer wieder strecke ich meine Hand
Nach einem Schiff aus.
Mit der bloßen Faust versuche ich,
Nach seinem Segel zu greifen.
Anfangs fing ich
Verschiedene Fahrzeuge, die sich
Am Horizont zeigten.
Ich fange Forellen so.
Doch der Monsun sah mir
Auf die Finger
Und ließ sie entweichen,
Oder Ruder und Kompaß
Brachen. Man muß
Mit Schiffen zart umgehen.
Darum rief ich ihnen Namen nach.
Sie lauteten immer
Wie meiner.

Jetzt lebe ich nur noch
In Gesellschaft mit dem Ungehorsam
Einiger Worte.

SICH VERGEWISSERN   156.

Ich versuche,
mich zu vergewissern,
daß ich vorkomme.
Im selben Augenblick
gibt es mich, bartlos,
mit bleichem Zahnfleisch
hinter der Lippe
und halb geöffneten Augen,
aus Furcht, zu viel
zu sehen, was anders ist
als Haut und Haar,
die sich im Zusehen
verlieren.
Ich bin da. Meine
rechte Hand fällt mir
nicht durch die Tasche.
Ich führe sie über Papier,
um aufzuschreiben,
daß ich lebe.

Johannes Bobrowski
(1917-1965)

157.   Ebene

See.
Der See.
Versunken
die Ufer. Unter der Wolke
der Kranich. Weiß, aufleuchtend
der Hirtenvölker
Jahrtausende. Mit dem Wind

kam ich herauf den Berg.
Hier werd ich leben. Ein Jäger
war ich, einfing mich
aber das Gras.

Lehr mich reden, Gras,
lehr mich tot sein und hören,
lange, und reden, Stein,
lehr du mich bleiben, Wasser,
frag mir, und Wind, nicht nach.

158.   Immer zu benennen

Immer zu benennen:
den Baum, den Vogel im Flug,
den rötlichen Fels, wo der Strom
zieht, grün, und den Fisch
im weißen Rauch, wenn es dunkelt
über die Wälder herab.

Zeichen, Farben, es ist
ein Spiel, ich bin bedenklich,
es möchte nicht enden
gerecht.

Und wer lehrt mich,
was ich vergaß: der Steine
Schlaf, den Schlaf
der Vögel im Flug, der Bäume
Schlaf, im Dunkel
geht ihre Rede –?

Wär da ein Gott
und im Fleisch,
und könnte mich rufen, ich würd
umhergehn, ich würd
warten ein wenig.

Paul Celan

(1920-1970)

159.   ARGUMENTUM E SILENTIO

Für René Char

An die Kette gelegt
zwischen Gold und Vergessen:
die Nacht.
Beide griffen nach ihr.
Beide ließ sie gewähren.

Lege,
lege auch du jetzt dorthin, was herauf-
dämmern will neben den Tagen:
das sternüberflogene Wort,
das meerübergossne.

Jedem das Wort.
Jedem das Wort, das ihm sang,
als die Meute ihn hinterrücks anfiel –
Jedem das Wort, das ihm sang und erstarrte.

Ihr, der Nacht,
das sternüberflogne, das meerübergossne,
ihr das erschwiegne,
dem das Blut nicht gerann, als der Giftzahn
die Silben durchstieß.

Ihr das erschwiegene Wort.

Wider die andern, die bald,
die umhurt von den Schinderohren,
auch Zeit und Zeiten erklimmen,

zeugt es zuletzt,
zuletzt, wenn nur Ketten erklingen,
zeugt es von ihr, die dort liegt
zwischen Gold und Vergessen,
beiden verschwistert von je –

Denn wo
dämmerts denn, sag, als bei ihr,
die im Stromgebiet ihrer Träne
tauchenden Sonnen die Saat zeigt
aber und abermals?

LEUCHTEN   160.

Schweigenden Leibes
liegst du im Sand neben mir,
Übersternte.

. . . .

Brach sich ein Strahl
herüber zu mir?
Oder war es der Stab,
den man brach über uns,
der so leuchtet?

SPRACHGITTER   161.

Augenrund zwischen den Stäben.

Flimmertier Lid
rudert nach oben,
gibt einen Blick frei.

Iris, Schwimmerin, traumlos und trüb:
der Himmel, herzgrau, muß nah sein.

Schräg, in der eisernen Tülle,
der blakende Span.
Am Lichtsinn
errätst du die Seele.

(Wär ich wie du. Wärst du wie ich.
Standen wir nicht
unter *einem* Passat?
Wir sind Fremde.)

Die Fliesen. Darauf,
dicht beieinander, die beiden
herzgrauen Lachen:
zwei
Mundvoll Schweigen.

162.   Weggebeizt...

Weggebeizt vom
Strahlenwind deiner Sprache
das bunte Gerede des An-
erlebten – das hundert-
züngige Mein-
gedicht, das Genicht.

Aus-
gewirbelt,
frei
der Weg durch den menschen-
gestaltigen Schnee,
den Büßerschnee, zu
den gastlichen
Gletscherstuben und -tischen.

Tief
in der Zeitenschrunde,
beim
Wabeneis
wartet, ein Atemkristall,
dein unumstößliches
Zeugnis.

Ilse Aichinger
(1921-1972)

163.   SPAZIERGANG

Da die Welt aus Entfernungen entsteht,
Treppenhäuser und Moore,
und das Erträgliche sich verdächtig macht,
so laßt es nicht zu,
daß hinter euren Ställen die Elstern
kurz auffliegen und glänzend
in die glänzenden Weiher stürzen,
daß euer Rauch noch steigt
vor den Wäldern,
lieber wollen wir warten,
bis uns die goldenen Füchse
im Schnee erscheinen.

Hans Carl Artmann
(geb. 1921)

ALS DES MORGENS WANGENRÖTE...   **164.**

als des morgens wangenröte
ilsebel aus träumen schob,
war das alpha ihrer worte:
meister artmann frauenlob!

braun die locken, kohleaugen,
roter lippen nelkenschwung,
und der nacken einer schwänin:
veneris verkündigung..

ihre lenden zierte seide,
zart und sarazenengrün;
ach, aus ihrem unterhemde
sah man rosenäpfel glühn!

an das fenster eilt die holde,
zog die jalousien fort,
blickt in den erwachten garten,
wo ein lusthaus ist mein ort.

ihre schönverwunschne stimme
drang mir warm ans linke ohr,
ließ mein blut wie laub erbeben,
trug zur kehl mein herz empor.

und schon saß ich vor der tinte,
tauchte forsch die feder drein,
setzt auf weiße blätter zeilen,
zierlich, negroid und fein.

mühlos flossen meine reime
aufs papier durch frühen tag,
und aus tauverglasten bäumen
tönte froher finken schlag.

bald drauf pfiff ich meiner taube,
hieß sie schweben zum balkon –
in die finger ihrer hände
bracht sie meinen liebeslohn.

walt es, wotan, daß ich nimmer
von der dame scheiden muß,
gib mir ewig tag und nächte,
um zu tauschen vers für kuß!

Erich Fried
(1921-1988)

EINBÜRGERUNG   165.

Weiße Hände
rotes Haar
blaue Augen

Weiße Steine
rotes Blut
blaue Lippen

Weiße Knochen
roter Sand
blauer Himmel

NEUE NATURDICHTUNG   166.

Er weiß daß es eintönig wäre
nur immer Gedichte zu machen
über die Widersprüche dieser Gesellschaft
und daß er lieber über die Tannen am Morgen
schreiben sollte
Daher fällt ihm bald ein Gedicht ein
über den nötigen Themenwechsel und über
seinen Vorsatz
von den Tannen am Morgen zu schreiben

Aber sogar wenn er wirklich früh genug aufsteht
und sich hinausfahren läßt zu den Tannen am Morgen
fällt ihm dann etwas ein zu ihrem Anblick und Duft?
Oder ertappt er sich auf der Fahrt bei dem Einfall:

Wenn wir hinauskommen
sind sie vielleicht schon gefällt
und liegen astlos auf dem zerklüfteten Sandgrund
zwischen Sägemehl Spänen und abgefallenen Nadeln
weil irgendein Spekulant den Boden gekauft hat

Das wäre zwar traurig
doch der Harzgeruch wäre dann stärker
und das Morgenlicht auf den gelben gesägten Stümpfen
wäre dann heller weil keine Baumkrone mehr
der Sonne im Weg stünde. Das
wäre ein neuer Eindruck
selbsterlebt und sicher mehr als genug
für ein Gedicht
das diese Gesellschaft anklagt

Helmut Heißenbüttel
(geb. 1921)

(Beide im Text interpretierten Gedichte werden hier auf den Einspruch des Verfassers hin nicht abgedruckt.)

Friederike Mayröcker
(geb. 1924)

169.   DOPPELTE SZENE

Nerven.. kaputt..
sagte er als ich ihn fragte
welchen Grund ich angeben sollte
dasz er nicht kommen könne

ein Erinnerungsbild
tauchte gleichzeitig auf, er
sitzt im Zimmer und schlägt
zu berstender Platten-
musik den Rhythmus
mit Kopf und Armen, vor-
wärts und rück-
wärts, wie einstmals
auf schwingendem
Schaukelpferd, *das
selige Kind*

(*für Ernst Jandl*)

170.   DOVE..

diese Photographie
die dich mit weit
aufgerissenen Augen
abbildet / bei Nacht
hilflos mit nackten
Schultern und ohne
Brille im grellen
Licht –

KOMMUNIZIERENDE RÖHREN   **171.**

da
sind die Wangen drin!
Windstille lieblicher
Tag /

ich
habe schon zugeknöpft

(für Max Weiler)

OSTIA WIRD DICH EMPFANGEN   **172.**

ich werde in Ostia sein
ich werde dich dort erwarten
ich werde dich dort umarmen
ich werde deine Hände halten in Ostia
ich werde dort sein
in Ostia
ist die Mündung des Tiber
des alten Flusses

ich werde in Ostia nicht sein
ich werde dich dort nicht erwarten
ich werde dich dort nicht umarmen
ich werde deine Hände nicht halten in Ostia
ich werde nicht dort sein
in Ostia
ist die Mündung des alten Flusses
des Tiber

173.   ROMANZE MIT BLUMEN

. . bereitete uns ein Buch-Wort
Schellenwind-Geflüster? Schnell-Atem kerzenweis?
weisz weiter in lindernden Geschöpfen
verscholl dein Wort
mit bezwingendem Knie mit aufgelösten Fragen
weiter und weiter verzweigt
in den Gehöften (straszengebündelt)
mit einer Tafel schöner Blicke
durch Nebel (kristallin
durch etwas Frühling)
Wasserschlund möglicher Hoffnungen

hast du mich angeschnallt an deine Gelenke
voll Blüten hoch erhobenen Blicks
schön Wahnsinns Gerinnsel in Tiefen
breit ungesagt Leben
breit ohne Formel
mit Flammen kommst du und ich brenne drei Mal zu end

fortwährend im Aug deiner Freude
fliehend zu Deutschlands Fernen
atemlosen romanischen Kirchendächern
Weggefährten: springende Festen ausdauernder Schächte
dämmernde Brunnen
verankerte Nächte
durch Deutschlands stille ebene Sterne
weitgespannt Schön-Wange Bravour Blumenküsse und
                                              Gongoras

weiszt du wohin; weiszt du wie
weit und mit aufgeschlagenen Händen
und fürchte nicht Wegloses
Blume für Blume:

(Rauhblume Weiszblume Schönblume Engelwurz Bittersüsz
        Eiche Himmelbrand Brennender Hahnenfusz
              Gartengleisze Schneerose Quendel . .)

Eugen Gomringer
(geb. 1925)

174.   SCHWEIGEN

schweigen schweigen schweigen
schweigen schweigen schweigen
schweigen   schweigen
schweigen schweigen schweigen
schweigen schweigen schweigen

Ernst Jandl
(geb. 1925)

ANTIPODEN   175.

        ein blatt
und unter diesem
        ein blatt
und unter diesem
        ein blatt
und unter diesem
        ein blatt
und unter diesem
        ein tisch
und unter diesem
        ein boden
und unter diesem
        ein zimmer
und unter diesem
        ein keller
und unter diesem
        ein erdball
und unter diesem
        ein keller
und unter diesem
        ein zimmer
und unter diesem
        ein boden
und unter diesem
        ein tisch
und unter diesem
        ein blatt
und unter diesem
        ein blatt
und unter diesem
        ein blatt
und unter diesem
        ein blatt

176.   SCHTZNGRMM

schtzngrmm
schtzngrmm
t–t–t–t
t–t–t–t
grrrmmmmm
t–t–t–t
s————c————h
tzngrmm
tzngrmm
tzngrmm
grrrmmmmm
schtzn
schtzn
t–t–t–t
t–t–t–t
schtzngrmm
schtzngrmm
tssssssssssssss
grrt
grrrrrt
grrrrrrrrrt
scht
scht
t–t–t–t–t–t–t–t
scht
tzngrmm
tzngrmm
t–t–t–t–t–t–t–t
scht
scht
scht
scht
scht
grrrrrrrrrrrrrrrrrrrrrrrrrrrrrrrrrr
t–tt

WIEN: HELDENPLATZ   **177.**

der glanze heldenplatz zirka
versaggerte in maschenhaftem männchenmeere
drunter auch frauen die ans maskelknie
zu heften heftig sich versuchten, hoffensdick.
und brüllzten wesentlich.

verwogener stirnscheitelunterschwang
nach nöten nördlich, kechelte
mit zu-nummernder aufs bluten feilzer stimme
hinsensend sämmertliche eigenwäscher.

pirsch!
döppelte der gottelbock von Sa-Atz zu Sa-Atz
mit hünig sprenkem stimmstummel.
balzerig würmelte es im männechensee
und den weibern ward so pfingstig ums heil
zumahn: wenn ein knie-ender sie hirschelte.

Heinz Piontek
(geb. 1925)

178.   TERRA INCOGNITA: GEDICHTE

Hier
noch ein weißer Fleck
und ich, der Eingeborene.

Hier
sind Druckbuchstaben
meine Fußstapfen.

Hinter
ausgestrichenen Wörtern
lauere ich.

Hole
mich mit deinem Blick
in die bewohnte Welt.

Ingeborg Bachmann
(1926-1973)

BÖHMEN LIEGT AM MEER   179.

Sind hierorts Häuser grün, tret ich noch in ein Haus.
Sind hier die Brücken heil, geh ich auf gutem Grund.
Ist Liebesmüh in alle Zeit verloren, verlier ich sie hier gern.

Bin ich's nicht, ist es einer, der ist so gut wie ich.

Grenzt hier ein Wort an mich, so laß ich's grenzen.
Liegt Böhmen noch am Meer, glaub ich den Meeren wieder.
Und glaub ich noch ans Meer, so hoffe ich auf Land.

Bin ich's, so ist's ein jeder, der ist soviel wie ich.
Ich will nichts mehr für mich. Ich will zugrunde gehn.

Zugrund – das heißt zum Meer, dort find ich Böhmen wieder.
Zugrund gerichtet, wach ich ruhig auf.
Von Grund auf weiß ich jetzt, und ich bin unverloren.

Kommt her, ihr Böhmen alle, Seefahrer, Hafenhuren und Schiffe
unverankert. Wollt ihr nicht böhmisch sein, Illyrer, Veroneser,
und Venezianer alle. Spielt die Komödien, die lachen machen

Und die zum Weinen sind. Und irrt euch hundertmal,
wie ich mich irrte und Proben nie bestand,
doch hab ich sie bestanden, ein um das andre Mal.

Wie Böhmen sie bestand und eines schönen Tags
ans Meer begnadigt wurde und jetzt am Wasser liegt.

Ich grenz noch an ein Wort und an ein andres Land,
ich grenz, wie wenig auch, an alles immer mehr,

ein Böhme, ein Vagant, der nichts hat, den nichts hält,
begabt nur noch, vom Meer, das strittig ist, Land meiner Wahl
zu sehen.

180.   Hôtel de la Paix

Die Rosenlast stürzt lautlos von den Wänden,
und durch den Teppich scheinen Grund und Boden.
Das Lichtherz bricht der Lampe.
Dunkel. Schritte.
Der Riegel hat sich vor den Tod geschoben.

181.   Ihr Worte
          Für Nelly Sachs, die Freundin, die Dichterin, in Verehrung

Ihr Worte, auf, mir nach!,
und sind wir auch schon weiter,
zu weit gegangen, geht's noch einmal
weiter, zu keinem Ende geht's.

Es hellt nicht auf.

Das Wort
wird doch nur
andre Worte nach sich ziehn,
Satz den Satz.
So möchte Welt,
endgültig,
sich aufdrängen,
schon gesagt sein.
Sagt sie nicht.

Worte, mir nach,
daß nicht endgültig wird

– nicht diese Wortbegier
und Spruch auf Widerspruch!

Laßt eine Weile jetzt
keins der Gefühle sprechen,
den Muskel Herz
sich anders üben.

Laßt, sag ich, laßt.

Ins höchste Ohr nicht,
nichts, sag ich, geflüstert,
zum Tod fall dir nichts ein,
laß, und mir nach, nicht mild
noch bitterlich,
nicht trostreich,
ohne Trost
bezeichnend nicht,
so auch nicht zeichenlos –

Und nur nicht dies: das Bild
im Staubgespinst, leeres Geroll
von Silben, Sterbenswörter.

Kein Sterbenswort,
Ihr Worte!

Elisabeth Borchers
(geb. 1926)

182.   EIA WASSER REGNET SCHLAF

I

eia wasser regnet schlaf
eia abend schwimmt ins gras
wer zum wasser geht wird schlaf
wer zum abend kommt wird gras
weißes wasser grüner schlaf
großer abend kleines gras
es kommt es kommt
ein fremder

II

was sollen wir mit dem ertrunkenen matrosen tun?
wir ziehen ihm die stiefel aus
wir ziehen ihm die weste aus
und legen ihn ins gras

    mein kind im fluß ist's dunkel
    mein kind im fluß ist's naß

was sollen wir mit dem ertrunkenen matrosen tun?
    wir ziehen ihm das wasser an
    wir ziehen ihm den abend an
    und tragen ihn zurück

        mein kind du mußt nicht weinen
        mein kind das ist nur schlaf

was sollen wir mit dem ertrunkenen matrosen tun?
   wir singen ihm das wasserlied
   wir sprechen ihm das grasgebet
   dann will er gern zurück

III

es geht es geht
ein fremder
ins große gras den kleinen abend
im weißen schlaf das grüne naß
und geht zum gras und wird ein abend
und kommt zum schlaf und wird ein naß
eia schwimmt ins gras der abend
eia regnet's wasserschlaf

Christa Reinig
(geb. 1926)

183.   ROBINSON

manchmal weint er wenn die worte
still in seiner kehle stehn
doch er lernt an seinem orte
schweigend mit sich umzugehn

und erfindet alte dinge
halb aus not und halb im spiel
splittert stein zur messerklinge
schnürt die axt an einen stiel

kratzt mit einer muschelkante
seinen namen in die wand
und der allzu oft genannte
wird ihm langsam unbekannt

Günter Grass
(geb. 1927)

SCHULPAUSE   184.

Hat die Uhr sich verzählt?
Hat die Pause die Angst überlebt
und das Spiel auf den stillen Aborten?

Er trägt eine Brille über dem Mund: pronunciation.
Er birgt einen Zettel knapp überm Herzen:
sein gutdekliniertes Geheimnis.

Seltsam steht er im Hof,
mitten im Herbst:
die Konferenz löst sich auf.

Buchstaben fallen und Zahlen,
kleine vernünftige Sätze
aus den Kastanien und Linden über der Hypothenuse.

Meine arme kränkliche Mutter
– Herr Studienrat, üben sie Nachsicht –
stirbt, wenn die Pause vorbei ist.

Fettes Papier blüht im Hof.
Langsam nur weicht der Geruch
später vor Tobruk, bei Kursk,
am Volturno gefallner Primaner.

Paul Wühr
(geb. 1927)

185.   HIMMELSLEITER

18/223 ja ja ja

4/94   die Erkenntnis
        die Erkenntnis

12/62   bringt uns einem Glück näher

11/264 Glück

12/128 Glück

23/3   ich habe das Glück gehabt

4/121   das ist einfach unausdenkbar

11/264 Glück

12/128 Glück

23/3   ich habe das Glück gehabt

4/128   das wag ich mir gar nicht auszudenken

11/264 Glück

12/128 Glück

23/3   ich habe das Glück gehabt

4/94   die Erkenntnis
        die Erkenntnis

12/62   bringt uns einem Glück näher

21/282 die steigt langsam an und gipfelt

5/151   also das ist doch nicht mehr zu beschreiben

21/307 des schaukelt sich langsam auf

4/94   die Erkenntnis
        die Erkenntnis

12/62   bringt uns einem Glück näher

12/282 die steigt langsam an und gipfelt

7/343   eine hellblaue Stimmung

22/128 Himmel

11/264 Glück

22/128 Himmel

11/264 Glück

22/128 Himmel

11/264 Glück

22/128 Himmel

11/264 Glück

22/128 Himmel

186.   WACHT

Es braust beim Loch
aus Niederwald

ein Ruf wie Donnerhall
die Königin

aus Rosenhauch wird sie
im Schwertgeklirr

der Deutsche in der
Bronzefrau

die auf dem Wachtturm
will

des Lagers Wächter
sein

Hans Magnus Enzensberger
(geb. 1929)

INS LESEBUCH FÜR DIE OBERSTUFE   **187.**

Lies keine Oden, mein Sohn, lies die Fahrpläne:
sie sind genauer. Roll die Seekarten auf,
eh es zu spät ist. Sei wachsam, sing nicht.
Der Tag kommt, wo sie wieder Listen ans Tor
schlagen und malen den Neinsagern auf die Brust
Zinken. Lern unerkannt gehn, lern mehr als ich:
das Viertel wechseln, den Paß, das Gesicht.
Versteh dich auf den kleinen Verrat,
die tägliche schmutzige Rettung. Nützlich
sind die Enzykliken zum Feueranzünden,
die Manifeste: Butter einzuwickeln und Salz
für die Wehrlosen. Wut und Geduld sind nötig,
in die Lungen der Macht zu blasen
den feinen tödlichen Staub, gemahlen
von denen, die viel gelernt haben,
die genau sind, von dir.

ZWEI FEHLER   **188.**

Ich gebe zu, seinerzeit
habe ich mit Spatzen auf Kanonen geschossen.

Daß das keine Volltreffer gab,
sehe ich ein.

Dagegen habe ich nie behauptet,
nun gelte es ganz zu schweigen.

Schlafen, Luftholen, Dichten:
das ist fast kein Verbrechen.

Ganz zu schweigen
von dem berühmten Gespräch über Bäume.

Kanonen auf Spatzen, das hieße doch
in den umgekehrten Fehler verfallen.

Günter Kunert
(geb. 1929)

DEN FISCHEN DAS FLIEGEN... 189.

DEN FISCHEN DAS FLIEGEN
Beigebracht. Unzufrieden dann
Sie getreten wegen des
Fehlenden Gesanges.

UNTERWEGS NACH UTOPIA I 190.

Vögel: fliegende Tiere
ikarische Züge
mit zerfetztem Gefieder
gebrochenen Schwingen
überhaupt augenlos
ein blutiges und panisches
Geflatter
nach Maßgabe der Ornithologen
unterwegs nach Utopia
wo keiner lebend hingelangt
wo nur Sehnsucht
überwintert

Das Gedicht bloß gewahrt
was hinter den Horizonten verschwindet
etwas wie wahres Lieben und Sterben
die zwei Flügel des Lebens
bewegt von letzter Angst
in einer vollkommenen
Endgültigkeit.

Peter Rühmkorf
(geb. 1929)

191.   Sibyllinisch

Ab mit Bruch, sic transit gloria mundi:
Fortschritt wälzt sich nicht wie Lava fort;
atmet lautlos wie ein Pflanzendarm...
Weimar, sicher, war erlebnisarm;
aber nehmen wir Botswanaland, Burundi,
was ist dort?

Abends, wenn die Sternemänner starten,
und die Glotze sprüht von Himmelsgischt,
hebt sich deiner Augen Doppellauf –
Komm, klapp zu, steck auf!
Aus sehr winzigen ver\<s\>treuten Eigenarten
ist ein Individuum gemischt.

Wer das mitkriegt, wie du übertourig
ewig haltlos durch die Räume gurkst,
sieht nur gerade die Gestalt zerfließen – – –
Richtig Stil braucht Zeit, sich zu entschließen:
rotfigurig – schwarzfigurig:
welche Ruh! und kaum ein Strich vermurkst.

Wer du wirklich bist, ist gar noch nicht entdeckt:
etwas zwischen Einzelstern und Rudel,
bißchen Kunstgeschmack und bißchen Hundsgeruch;
nicht mal klassisch-klarer Widerspruch.
Aber manchmal
in des Regens Wahrgesprudel
strafft sich – unnachahmlich – dein Subjekt.

Konrad Bayer
(1932–1964)

KURZE BESCHREIBUNG DER WELT   **192.**

es gibt aachen
es gibt aale
es gibt aas
es gibt ab
es gibt abarten
es gibt abbalgen
es gibt abbau
es gibt abbeissen
es gibt abbilder
es gibt abblasen
es gibt abblühen
es gibt abbruch
es gibt abdecker
es gibt abende
es gibt abendzeitungen
es gibt aber
es gibt aberglauben
es gibt abermals
es gibt abfall
es gibt abfluss
u.s.w.
bis zuzeln, das es natürlich auch gibt

Jürgen Becker
(geb. 1932)

193.   IN DER NÄHE VON ANDY WARHOL

als er dann wankte und umfiel,
der Schwarze auf dem Union Square,
hob ich ans Auge die Kamera
und sah im Sucher, daß
er liegen blieb
zwischen den gehenden Leuten.

Günter Herburger
(geb. 1932)

DER WIRSING DER BLUMENKOHL...   194.

Der Wirsing der Blumenkohl
Rettiche Suppenwürfel Mehl
Büchsenmilch und alle anderen
tausend Pfennige
in den engen Regalen
wo ich stehe und mich bücke
und durchs Fenster
knapp die Straße übersehe
wenn sie Rollschuh laufen
mit einer Wunde am Knie
dem Geruch voll Eifer
für den ich mich
anstrengen möchte
an dieser Kurve
gerade noch sichtbar für mich
wo sich der Rock hebt
ein Lätzchen ein Steg
das macht mich froh
tief innen im Laden
bevor sie roh und dick werden
und noch schnell vor dem Kochen
Essig kaufen oder Eier
in die Mutterklaue nehmen
Sparmarken und Fett
in die Schürzentasche
sie reiben sich
drücken den Bauch vor
aber ich bin schneller

und während ich grammweise
vom Papier kratze bis es stimmt
betaste ich draußen
die Hüften ihrer Kinder

Peter O. Chotjewitz
(geb. 1934)

ULMER BRETTSPIELE 195.

V

eine Hand
voll Bauern
man könnte auch sagen
Proleten
Arbeiter
Maschinisten
ein verrottetes
schrottreifes
Schema

in der Linie
dahinter
zu Pferde
durch
Türme geschützt
von
Sprungbereiten
bedient

ich und du
von Auge
zu Auge
bedacht
eine Welt
in der Welt

VI

ein König
eine Dame
zwei Pferde
zwei Springer
zwei Türme
acht Bauern
zwei Könige
zwei Damen
zwei Pferde
zwei Springer
ein Turm
sieben Bauern
drei Könige
drei Damen
zwei Pferde
ein Springer
ein Turm
sechs Bauern
vier Könige
vier Damen
ein Pferd
ein Springer
ein Turm
fünf Bauern
fünf Könige
fünf Damen
ein Pferd
ein Springer
vier Bauern
sechs Könige
sechs Damen
ein Pferd
drei Bauern
sieben Könige

sieben Damen
zwei Bauern
acht Könige
acht Damen

Sarah Kirsch
(geb. 1935)

196.   EINÄUGIG

Wie Ölbäume schimmern die Weiden
Blaugrün und zitternd, die Pappeln
Ahmen Zypressen nach (dunkler
Dunkler! Vertieft eure Schatten!). Der Wind
Übt Fall und Flug seines Bruders Mistral

Wolf Biermann
(geb. 1936)

SPIELZEUG 197.

Mit der Eisenbahn
lernen wir
zur Oma fahrn.
Das macht Spaß
Mit der Puppe
essen wir
gerne unsere Suppe
Das macht Spaß
Mit dem Ball
schmeißen wir
Peters Bären um
der ist dumm
Mit den Muschikatzen
lernt der Paul
die Anne kratzen
Das macht Spaß
Mit dem Panzer lernen wir:
Wie man
Eisenbahn,
Puppe, Suppe,
Ball und Bär,
Muschikatzen
und noch mehr
Anne, Pappa,
Haus und Maus
einfach kaputt macht.

Kurt Bartsch
(geb. 1937)

198. POESIE

Die Männer im Elektrizitätswerk
Zünden sich die Morgenzigarette an.
Sie haben, während ich nachtsüber schrieb
Schwitzend meine Arbeitslampe gefüttert.
Sie schippten Kohlen für ein Mondgedicht.

Nicolas Born
(1937–1979)

DAS ERSCHEINEN EINES JEDEN IN DER MENGE   199.

Ist es eine Wohltat allein zu sein
im Gelage der Gedanken ohne Augenzeugen
ohne das Auge des Entdeckers das sieht wie's schmeckt
ohne das geübte Ohr der Menge?
Was ist eine Tatsache wert die unteilbar ist
was ist ein Universum ohne dein Beben
dein Erscheinen vor leeren Sitzreihen?

Die Menge geht auf der Erde
und nichts vergeht in der Menge
auf den Rücken summender Webstühle
erreichen wir den großen Widerspruch:
das Erscheinen eines jeden in der Menge

DAS VERSCHWINDEN ALLER IM TOD EINES EINZELNEN   200.

Mache ich mich mit zu großer Hand?
lebe ich zu sehr aus der überfüllten Luft
und brauche ich zu viele andere
und schneide ich das Wort ab dem
                    der es braucht
und lasse ich es hell und dunkel werden
                    in die eigene Tasche?
Ich weiß nicht wie weit die Zukunft
                    mir voraus ist
und wie weit ich mir voraus bin.
Ich stehe in der Erde und wann immer ich abhebe
                    schlage ich hart wieder auf.

Hier ist mein Fuß der seine eigene
Wirklichkeit hat und seine eigene
                            Ewigkeit
Fuß du wirst mich verlieren
du wirst bekümmert auftreten
            und dann stehenbleiben wie ein Schuh.
Gestern hatten wir eine Tagesschau voll
                            von Toten
und ein Amerikanisch/Deutsch-Wörterbuch lag
                    aufgeschlagen auf dem Tisch
und ich lag zugeklappt auf der Couch
während ein verbrecherischer Kommentar
                            mich segnete
und meine Verbrecherohren spitzte.
Sie packten die Toten bei den Fußgelenken
   und schleiften sie zu einem Sammelplatz
die Befehle hatten die Körper verlassen
   und es ging auf dreiundzwanzig Uhr.
Ich trank Kaffee und war noch derselbe
                    ich war nicht mehr derselbe.
Ja vorgestern muß ich auf dir gelegen haben
als jeder andere persönlich starb
            aus der Welt fiel durch die Welt hindurch

mit nur noch einem Gefühl einem Wort
einem ganz gewöhnlichen Bild
                    das sich auflöste
und mit uns allen verschwand.

Rolf Dieter Brinkmann
(1940–1975)

IM VOYAGEURS APT. 311 EAST 31ST STREET, AUSTIN   201.

3.

Sie träumen alle vom Süden, Wörtersüden,
nächtlicher Gaukelsüden, Schwebetiersüden,
Bunte Hose Süden! Asphalt und Autowracksüden!
Scheißkötersüden, Turnschuhe und Ölkanistersüden.

Schneller Blick Süden, vieläugiger Süden, Mottensüden
und grünblauer Swimming Pool Süden, das monotone
Lied des Südens der Klimaanlage, ein Süden voller
Apartments. Gelbstaubiger Sandwegsüden, Chitinpanzer

Süden, Käfersüden, Musikbox und helle Wellblechtür,
Schottersüden, Alluminiumbierdosensüden, südliche
Radiostation nachts halb drei! Und Flippersüden,
teurer Vorortsüden, Balkone, südliche Viehlologie,

Fliegengitter, Tamtam, Süden offener Mund! Schnaken
Süden, Uhrzeit und schwitzende Hüfte Süden,
Schlafzimmersüden, sie sagen: Süden! Flöhe
und Zigarettenkippensüden, Zeckensüden,

gespaltene Lippe Süden, dunstiger Vollmond
Süden! Die Schlingpflanzen wachen im Süden auf,
Scorpionsüden, Farbfernsehsüden, schaukelnder
Hintern und Tittensüden, ein staubiger Fetzen

der Süden, Muschelsüden, Barackensüden, Zunge
Süden, südlich rotierendes Sternbild. Ein zarter

Rosasüden, Netzsüden, Rauch, eine Unterhaltung, weiter
im Süden! Der Süden ein Sumpf, der Volkslieder singt,

Nickelsüden, kochender Abfallsüden, Krückensüden!
Schwer zu findender Süden, sie siedeln sich im Süden
an, schweben herum, ziehen weiter, südwärts, eine Fiktion.
Rost, elektrisch verstärkte Geige Süden, Crickettsüden,

südliche Grenze, Gitter, Rost, Banksüden, direkte
Linie, Taumelsüden, ein Wirbel, gelbblasser Sandweg
Süden, Lippenstiftsüden, und tiefer. Der Süden der Nacht,
Baumgesichter, arbeitender Süden, zerfallene Tankstelle

Süden und totes Stinktier, Bretterzaunsüden, Kriechtier
Süden, pumpender Körper Süden, Motel. Staubsüden,
Betonsüden, südliche Konstruktion, fortzufliehen, in
den Süden, wo der Süden ist, aus der Realität in die

Fiktion Süden, weiter, über den warmen Beton, wo Gras
zwischen den Fugen sprießt, Süden, durch die Schatten
Tunnel, helle Flecken, raschelndes Laub, Süden.

202.   NACHT

3 Grad C unter Null, & die
Nacht ist viele Zitate

über die Nacht, flüchtige Gedächtnisspuren
              im Schnee, über den ich mit meiner Fantasie gehe,
Erinnerungen, die sich auflösen im Weiß des Schnees.

Hier, wo du jetzt gehst, erinnert dich nichts an dich selber,
hier, wo du gehst, bist du deutlich gegenwärtig, im Schnee,

schwarzer Nachtschnee, hell, unter dem Straßenlicht,

die Korrektur der Gedanken, die bei Tag so negativ sind.

Nichts, was in solchen Augenblicken anzuhalten wäre, weißer
als das Gedächtnis, verdunkelt als Nacht, am
Tag weißer als Schnee, 3 Grad C

unter Null. Wo bist du jetzt? Hell im
nächtlichen dunklen Weiß des Schnees, zwischen dem
CocaCola-Thermometer an der schäbigen
Hauswand und zwischen dem Gedächtnis an Schnee,

hast du, womit man dich ruft, einen Ort?

»Vermummt zogen Tiere vorüber, vermummt in der Stille,
zottelige
Gestalten, das Fell vereist, glitzernde Tropfen,«

ruhig in diesem Gedächtnis, weiß.

Wo du jetzt bist, ist ringsum weißer Schnee,

nicht die Abwesenheit von sich selbst,
die atemlosen Gespräche,

als wir auseinandergehen, neu,
gegen das Weiß des Schnees dein Gesicht, und zwischen
dem, was du sagtest und ich

niemand, 3 Grad C, unter Null,
gegenwärtig, weiß.

Peter Handke
(geb. 1942)

203.   ZUGAUSKUNFT

»Ich möchte nach Stock.«

Sie fahren mit dem Fernschnellzug um 6 Uhr 2.
Der Zug ist in Alst um 8 Uhr 51.
Sie steigen um in den Schnellzug nach Teist.
Der Zug fährt von Alst ab um 9 Uhr 17.
Sie fahren nicht bis nach Teist, sondern steigen aus in Benz.
Der Zug ist in Benz um 10 Uhr 33.
Sie steigen in Benz um in den Schnellzug nach Eifa
mit dem Kurswagen nach Wössen.
Der Schnellzug nach Eifa fährt ab um 10 Uhr 38.
Der Kurswagen wird in Aprath abgehängt und an
den Schnellzug Uchte–Alsenz gekoppelt.
Der Zug fährt in Aprath ab um 12 Uhr 12.
Ab Emmen fährt der Zug als Eilzug.
Sie fahren nicht bis nach Wössen, sondern steigen um
in Bleckmar.
Der Zug ist in Bleckmar um 13 Uhr 14.
In Bleckmar können Sie sich umsehen bis 15 Uhr 23.
Um 15 Uhr 23 fährt von Bleckmar ein Eilzug ab nach Schee.
(Dieser Zug verkehrt nicht am 24. und 25. 12. und führt nur sonn-
tags 1. Klasse.)
Sie kommen in Schee-Süd an um 16 Uhr 59.
Die Fähre nach Schee-Nord geht ab um 17 Uhr 5.
(Bei Sturm, Nebel und unvorhergesehenen Ereignissen kann der
Fährverkehr ausfallen.)
Sie sind in Schee-Nord um 17 Uhr 20.
Um 17 Uhr 24 fährt vom Bahnhof Schee-Nord der Personenzug
ab nach Sandplacken.

(Dieser Zug führt nur 2. Klasse und verkehrt nur an Werktagen und verkaufsoffenen Samstagen.)
Sie steigen aus in Murnau.
Der Zug ist in Murnau ungefähr um 19 Uhr 30.
Vom gleichen Bahnsteig fährt um 21 Uhr 12 ein Personen- und Güterzug weiter nach Hützel.
(In Murnau gibt es einen Warteraum.)
Sie sind in Hützel um 22 Uhr 33. *(Diese Zeiten sind ohne Gewähr.)*
Da der Personenverkehr von Hützel nach Krün eingestellt ist, nehmen Sie den am Bahnhofsvorplatz wartenden Bahnbus *(ohne Gewähr).*
Sie steigen aus in Vach gegen 1 Uhr.
Der erste Straßenbus von Vach geht ab um 6 Uhr 15.
(In Vach gibt es keinen Mietwagen.)
Sie sind in Eisal um 8 Uhr 9.
Der Bus um 8 Uhr 10 von Eisal nach Weiden verkehrt nicht in den Schulferien.
Sie sind in Weiden um 8 Uhr 50.
Um 13 Uhr geht der Bus eines Privatunternehmens von Weiden über Möllen-Forst-Ohle nach Schray.
(Nach Schray und Ohle fährt der Bus weiter nur nach Bedarf.)
Sie sind in Schray um 14 Uhr 50.
Zwischen Schray und Trompet verkehrt um diese Zeit ein Milchwagen, der bei Bedarf auch Personen befördert.
In Trompet können Sie gegen 16 Uhr sein.
Zwischen Trompet und Stock gibt es keine Kraftverkehrslinie.
Zu Fuß können Sie gegen 17 Uhr 30 in Stock sein.

»Im Winter ist es dann schon wieder dunkel?«
»Im Winter ist es dann schon wieder dunkel.«

Jörg Fauser
(1944–1987)

204.   Zum Alex nach Mitternacht

Die Charles-Bronson-Imitation aus Knautschlack
brütet über einer Cola in der roten Sonne
überbelichteter Vorstadt-Träume; erledigte Rivalen,
klatschende Klöten, Kadaver am Galgen, letzter Show-down,
triefende Mösen, absolutes Finale
in Technicolor.
Der blondgefärbte schwule Ithaker mit den lila Denims
gibt es endgültig auf, Mick Jagger nachzuäffen,
Mann ohne Publikum, Publikum
ohne Mann.
Paß auf, daß du im Lokus nicht ausrutschst
und dir deinen
parfümierten Schwanz brichst.
Dieses miese Loch, Bastard
eines desolaten Hippie-Sommers, sag dem letzten
Taxifahrer Gute Nacht, sweet Mary,
vor die Wahl gestellt zwischen deinen
abgekauten Titten und dem Nichts
wähle ich deine Titten.
Die Einsamkeit macht uns alle fertig, sagt Klaus
und drückt Janis Joplin, Whisky and »Me and Bobby McGee«,
der Joker rattert, Maschinengewehr, Baader geschnappt,
chant d'amour et de la mort, so'n Mordsdusel,
der Apparat spuckt lauter Markstücke aus
und wir bestellen nochmal
ein Magengeschwür.
Alles was da hängt
ist Fleisch.

Ulla Hahn
(geb. 1946)

ARS POETICA 205.

Danke ich brauch keine neuen
Formen ich stehe auf
festen Versesfüßen und alten
Normen Reimen zu Hauf

zu Papier und zu euren
Ohren bring ich was klingen soll
klingt mir das Lied aus den
Poren rinnen die Zeilen voll

und über und drüber und drunter
und drauf und dran und wohlan und
das hat mit ihrem Singen
die Loreley getan.

Markus Manfred Jung
(geb. 1954)

206.   SUNNENUFGANG IM OSCHTE

sunnenufgang
im oschte
mach
der kei
bild
freund
lön mir si
eifach untergoh

Anhang

Charles Baudelaire
(1821-1867)

207.   Les Chats

Les amoureux fervents et les savants austères
Aiment également, dans leur mûre saison,
Les chats puissants et doux, orgueil de la maison,
Qui comme eux sont frileux et comme eux sédentaires.

Amis de la science et de la volupté,
Ils cherchent le silence et l'horreur des ténèbres;
L'Érèbe les eût pris pour ses coursiers funèbres,
S'ils pouvaient au servage incliner leur fierté.

Ils prennent en songeant les nobles attitudes
Des grands sphinx allongés au fond des solitudes,
Qui semblent s'endormir dans un rêve sans fin;

Leurs reins féconds sont pleins d'étincelles magiques,
Et des parcelles d'or, ainsi qu'un sable fin,
Étoilent vaguement leurs prunelles mystiques.

DIE KATZEN

Die glühenden Liebenden und die strengen Gelehrten
Lieben gleichermaßen in der Zeit ihrer Reife
Die mächtigen und sanften Katzen, Stolz des Hauses,
Die wie sie frösteln und wie sie seßhaft sind.

Freunde der Erkenntnis und der Wollust,
Suchen sie das Schweigen und den Schrecken der Finsternis;
Der Erebos hätte sie als seine Totenrosse genommen,
Wenn sie ihre Kühnheit der Knechtschaft beugen könnten.

Sie nehmen sinnend die edlen Attitüden
Der großen Sphinxe ein, die, ausgestreckt in der Tiefe der
                                                    Einsamkeiten,
Einzuschlafen scheinen in einem Traum ohne Ende;

Ihre fruchtbaren Lenden sind voll magischer Funken,
Und Goldpartikeln, wie feiner Sand,
Besternen schweifend ihre mystischen Pupillen.

Kate Bush
(geb. 1958)

208.   UNDER ICE

It's wonderful,
Everywhere, so white.
The river has frozen over
Not a soul on the ice,
Only me, skating fast.
I'm speeding past trees leaving
Little lines in the ice,
Cutting out little lines,
In the ice, splitting, splitting sound,
Silverheels spitting, spitting snow
There's something moving under
Under the ice,
Moving under ice – through water
Trying to get out of the cold water
»It's me«
Something, someone – help them
»It's me«.

UNTERM EIS

Es ist wundervoll,
Überall, so weiß.
Der Fluß ist gefroren
Nicht eine Seele auf dem Eis,
Nur ich, schnell schlittschuhlaufend.
Hinter Bäumen dahinrasend, hinterlasse ich
Kleine Linien im Eis,
Schneide ich kleine Linien aus,
Im Eis, splitternd, splitternder Klang,
Silberhacken spritzen, spritzen Schnee
Da bewegt sich was unter,
Unter dem Eis,
Bewegt sich unter dem Eis – durchs Wasser
Versucht aus dem kalten Wasser herauszukommen
»Ich bin's«
Irgendwas, irgendwer – hilf ihnen
»Ich bin's«.

Quellennachweise

Die Numerierung entspricht derjenigen der Gedichte.

1 H. Fischer-Lamberg (Hg.): Der junge Goethe. 5 Bde. 3. Aufl. Berlin 1963 ff. Bd. 5, S. 268.
2 Johann Wolfgang Goethe: Werke. Weimarer Ausgabe. Hg. i. A. der Großherzogin Sophie von Sachsen. 4. Abt. Weimar 1887 ff. Abt. 1. Bd. 2, S. 86.
3 Ebd., Bd. 1, S. 161.
4 Annette von Droste-Hülshoff: Sämtliche Werke. Hg. C. Heselhaus. 6. Aufl. München 1970, S. 626 ff.
5 Ebd., S. 105 ff.
6 Ebd., S. 142 f.
7 Heinrich Heine: Sämtliche Schriften. Hg. K. Briegleb. 6 Bde. Darmstadt 1968 ff. Bd. 4, S. 412.
8 Eduard Mörike: Werke. Hg. H. Maync. Neue krit. durchges. u. erl. Ausgabe. 3 Bde. Leipzig, Wien 1914. Bd. 1, S. 85 f.
9 Ebd., Bd. 1, S. 23.
10 Ebd., Bd. 1, S. 85.
11 Ferdinand Freiligrath: Werke. Hg. J. Schwering. 2 Bde. Berlin, Leipzig, Wien, Stuttgart 1909. Bd. 1. Teil 2, S. 11-13.
12 Ebd., Bd. 1. Teil 2, S. 100 f.
13 Friedrich Hebbel: Sämtliche Werke. Hist.-krit. Ausg. Hg. R. M. Werner. Abt. 1-3. 24 Bde. Berlin 1901 ff. Abt. 1. Bd. 6, S. 232.
14 Ebd., S. 214.
15 Ebd., S. 230.
16 Emanuel Geibel: Werke. Krit. durchges. u. erl. Ausgabe. Hg. W. Stammler. 3 Bde. Leipzig o. J. (1918). Bd. 1, S. 126 f.
17 In: Dem neuen Reich entgegen, 1850-1871. Bearb. von H. Adolf. Leipzig 1930, S. 149-151 (= Dt. Literatur. Sammlung literarischer Kunst- und Kulturdenkmäler in Entwicklungsreihen. Reihe Politische Dichtung. Bd. 6).
18 In: Um Einheit und Freiheit, 1815-1848. Bearb. von E. Volkmann. Leipzig 1936, S. 166 f. (= Dt. Literatur [...]. Reihe Politische Dichtung. Bd. 3).
19 Theodor Storm: Sämtliche Werke. Hg. K. E. Laage, D. Lohmeier. 4 Bde. Frankfurt a.M. 1987 f. Bd. 1, S. 37 f.
20 Ebd., Bd. 1, S. 23.

21 Ebd., Bd. 1, S. 16.
22 Ebd., Bd. 1, S. 14 f.
23 Ebd., Bd. 1, S. 34.
24 Theodor Fontane: Sämtliche Werke. Hg. W. Keitel. Abt. 1: Romane. Erzählungen. Gedichte. 6 Bde. Darmstadt 1962 ff. Bd. 6, S. 351.
25 Gottfried Keller: Sämtliche Werke. Hist.-krit. Gesamtausgabe. Hg. J. Fränkel, C. Helbling. 22 Bde. Zürich, Bern 1926 ff. Bd. 2/1, S. 119.
26 Ebd., Bd. 13, S. 249-251.
27 Ebd., Bd. 15/1, S. 33 f.
28 Ebd., Bd. 15/1, S. 25.
29 Ebd., Bd. 15/1, S. 192 f.
30 Ebd., Bd. 2/1, S. 120 f.
31 Ebd., Bd. 1, S. 79.
32 Conrad Ferdinand Meyer: Sämtliche Werke. Hist.-krit. Ausgabe. Hg. H. Zeller, A. Zäch. Bern 1958 ff. Bd. 1, S. 191.
33 Ebd., Bd. 1, S. 66.
34 Ebd., Bd. 1, S. 31.
35 Ebd., Bd. 1, S. 170.
36 Ebd., Bd. 1, S. 28.
37 Ebd., Bd. 1, S. 186.
38 Ebd., Bd. 1, S. 196.
39 Joseph Victor von Scheffel: Werke. Auswahl in sechs Teilen. Hg. K. Siegen, M. Mendheim. 3 Bde. Berlin, Leipzig, Wien, Stuttgart o. J. (1917). Bd. 1. Teil 1, S. 166.
40 Wilhelm Busch: Hist.-krit. Gesamtausgabe. Hg. F. Bohne. 4 Bde. Wiesbaden o. J. (1971). Bd. 4, S. 280 f.
41 In: Dem neuen Reich entgegen, 1850-1871. Bearb. von H. Adolf. Leipzig 1930, S. 152 f. (= Dt. Literatur [...]. Reihe Politische Dichtung. Bd. 6).
42 Detlev von Liliencron: Sämtliche Werke. 15 Bde. Berlin, Leipzig o. J. (1904 ff.). Bd. 8, S. 123 f.
43 Ebd., Bd. 7, S. 51 f.
44 Friedrich Nietzsche: Werke. Krit. Gesamtausgabe. Hg. G. Colli, M. Montinari. Berlin, New York 1967 ff. Abt. VI. Bd. 3, S. 289.
45 Ebd., Abt. V. Bd. 2, S. 333.
46 Ebd., Abt. VI. Bd. 3, S. 375-378.
47 Richard Dehmel: Gesammelte Werke. 10 Bde. Berlin 1907 ff. Bd. 2, S. 170 f.
48 Arno Holz: Das ausgewählte Werk. Berlin 1919, S. 313.
49 Arno Holz: Werke. Hg. W. Emrich, Anita Holz. 7 Bde. Neuwied, Berlin 1961 ff. Bd. 5 (Dafnis), S. 172 f.

50 Arno Holz: Das ausgewählte Werk. Berlin 1919, S. 313.

51 Arno Holz: Werke. Hg. W. Emrich, Anita Holz. 7 Bde. Neuwied, Berlin 1961 ff. Bd. 1, S. 238-240.

52 Paul Scheerbart: Ja... was... möchten wir nicht Alles! Ein Wunderfabelbuch. Erstes Heft. Berlin 1988 (Erstausgabe Berlin 1893), S. 9.

53 Richard Beer-Hofmann: Gesammelte Werke. Geleitwort von M. Buber. Frankfurt a.M. 1963, S. 656.

54 Stefan George: Gesamt-Ausgabe der Werke. Endgültige Fassung. 18 Bde. Berlin 1927 ff. Bd. 9, S. 134.

55 Ebd., Bd. 3, S. 20f.

56 Ebd., Bd. 4, S. 52f.

57 Ebd., Bd. 6/7, S. 127 ff.

58 Else Lasker-Schüler: Gesammelte Werke. Hg. F. Kemp, W. Kraft. 3 Bde. München 1959 ff. Bd. 1, S. 164.

59 Ebd., Bd. 1, S. 48.

60 Karl Wolfskehl: Gesammelte Werke. Hg. M. Ruben, C.V. Bock. 2 Bde. Hamburg 1960. Bd. 1, S. 93.

61 Christian Morgenstern: Sämtliche Dichtungen. Hg. H.O. Proskauer. 17 Bde. Basel 1971 ff. Bd. 5, S. 68.

62 Ebd., Bd. 6, S. 29.

63 Alfred Mombert: Dichtungen. Gesamtausgabe. Hg. E. Herberg. 3 Bde. München 1963. Bd. 1, S. 304.

64 Hugo von Hofmannsthal: Sämtliche Werke. Krit. Ausgabe. Hg. H.O. Burger, R. Hirsch, C. Köttelwesch, H. Rölleke, E. Zinn u.a. Frankfurt a.M. 1975 ff. Bd. 1, S. 72 f.

65 Ebd., Bd. 1, S. 54.

66 Ebd., Bd. 1, S. 84.

67 Ebd., Bd. 1, S. 45.

68 Ebd., Bd. 1, S. 26f.

69 Ebd., Bd. 1, S. 43.

70 August Stramm: Das Werk. Hg. R. Radrizzani. Wiesbaden 1963, S. 68.

71 Ebd., S. 27.

72 Rainer Maria Rilke: Sämtliche Werke. Hg. Rilke-Archiv in Verbindung mit R. Sieber-Rilke. Besorgt durch E. Zinn. 6 Bde. Frankfurt a.M. 1955 ff. Bd. 1, S. 400f.

73 Ebd., Bd. 1, S. 557.

74 Ebd., Bd. 1, S. 505.

75 Ebd., Bd. 1, S. 510.

76 Ebd., Bd. 1, S. 629f.

77 Ebd., Bd. 1, S. 739.

78 Ebd., Bd. 1, S. 717-720.

79 Ebd., Bd. 2, S. 92 f.
80 Ebd., Bd. 1, S. 268.
81 Ebd., Bd. 1, S. 522.
82 Ebd., Bd. 1, S. 595.
83 Rudolf Borchardt: Gesammelte Werke in Einzelbänden. Hg.
    M.-L. Borchardt u. a. Stuttgart 1957. Bd. 3: Gedichte, S. 75.
84 Hermann Hesse: Gesammelte Dichtungen. 12 Bde. Frankfurt a.M.
    1952. Bd. 5, S. 443.
85 Hermann Hesse: Gesammelte Werke. 12 Bde. Frankfurt a.M. 1970.
    Bd. 1, S. 119.
86 Hans Carossa: Sämtliche Werke. Hg. E. Kampmann-Carossa. 2 Bde.
    Frankfurt a.M. 1962. Bd. 1, S. 62 f.
87 Rudolf Alexander Schröder: Gesammelte Werke. 8 Bde. Berlin,
    Frankfurt a.M. 1952 ff. Bd. 1, S. 501.
88 In: K. Pinthus (Hg.): Menschheitsdämmerung. Ein Dokument des
    Expressionismus. Mit Biographien und Bibliographien. Reinbek
    1961, S. 248 f. (= Neuausgabe der ›Menschheitsdämmerung, Sympho-
    nie jüngster Dichtung‹. Berlin 1920).
89 Paul Zech: Vom schwarzen Revier zur neuen Welt. Gesammelte Ge-
    dichte. Hg. H. A. Smith. München, Wien 1983, S. 28 f.
90 Wilhelm Lehmann: Gesammelte Werke. Hg. A. Weigel-Lehmann,
    H. D. Schäfer, B. Zeller. 8 Bde. Stuttgart 1982 ff. Bd. 1, S. 157.
91 Ebd., Bd. 1, S. 212.
92 Ebd., Bd. 1, S. 35.
93 Ernst Stadler: Dichtungen, Schriften, Briefe. Krit. Ausgabe. Hg.
    K. Hurlebusch, K. L. Schneider. München 1983, S. 169.
94 Ebd., S. 138.
95 Alfred Wolfenstein: Werke. Hg. H. Haarmann, G. Holtz. Mainz
    1982 ff. Bd. 1, S. 131.
96 Oskar Loerke: Gedichte und Prosa. Hg. P. Suhrkamp. 2 Bde. Frank-
    furt a.M. 1958. Bd. 1, S. 315.
97 Hugo Ball: Gesammelte Gedichte. Hg. A. Schütt-Hennings. Zürich
    1963, S. 34.
98 Gottfried Benn: Gesammelte Werke. Hg. D. Wellershoff. 4 Bde.
    Wiesbaden 1958 ff. Bd. 3, S. 140.
99 Ebd., Bd. 3, S. 25.
100 Ebd., Bd. 3, S. 45.
101 Ebd., Bd. 3, S. 9.
102 Ebd., Bd. 3, S. 135.
103 Ebd., Bd. 3, S. 283.
104 Albert Ehrenstein: Gedichte und Prosa. Hg. K. Otten. Neuwied,
    Berlin 1961, S. 74 f.

105 Max Herrmann-Neiße: Lied der Einsamkeit. Gedichte von 1914-1941. Hg. F. Grieger. München 1961, S. 149.

106 Hans Arp: Gesammelte Gedichte. Hg. M. Arp-Hagenbach, P. Schifferli in Zusammenarbeit mit H. Arp. 3 Bde. Wiesbaden 1963 ff. Bd. 1, S. 39.

107 Georg Heym: Dichtungen und Schriften. Gesamtausgabe. Hg. K. L. Schneider. Hamburg, München 1964 ff. Bd. 1, S. 192.

108 Ebd., Bd. 1, S. 346 f.

109 Ebd., Bd. 1, S. 440-442.

110 Jakob van Hoddis: Dichtungen und Briefe. Hg. R. Nörtemann. Zürich 1987, S. 25.

111 Ebd., S. 15.

112 Kurt Schwitters: Das literarische Werk. Hg. F. Lach. 5 Bde. Köln 1973. Bd. 1, S. 199.

113 Georg Trakl: Dichtungen und Briefe. Hist.-krit. Ausgabe. Hg. W. Killy, H. Szklenar. 2 Bde. Salzburg 1969. Bd. 1, S. 322.

114 Ebd., Bd. 1, S. 102.

115 Ebd., Bd. 1, S. 167.

116 Ebd., Bd. 1, S. 383.

117 Ebd., Bd. 1, S. 95.

118 Ebd., Bd. 1, S. 346.

119 Rudolf Leonhard: Prolog zu jeder kommenden Revolution. Gedichte. Hg. B. Jentzsch. München, Wien 1984, S. 29.

120 Alfred Lichtenstein: Gesammelte Gedichte. Auf Grund der handschriftlichen Gedichthefte Alfred Lichtensteins krit. hg. von K. Kanzog. Zürich 1962, S. 44.

121 Walter Hasenclever: Gedichte. Dramen. Prosa. Unter Benutzung des Nachlasses hg. u. eingel. von K. Pinthus. Reinbek 1963, S. 86-89. (›Amphoren‹ steht statt des Druckfehlers ›Emphoren‹; vgl. Kurt Pinthus [Hg.]: Menschheitsdämmerung. Ein Dokument des Expressionismus. Neuausgabe Reinbek 1961. S. 213-216, dort S. 216.)

122 Klabund: Gesammelte Werke in Einzelausgaben. 6 Bde. Wien 1930. Bd. 5: Gesammelte Gedichte, S. 301.

123 Kurt Tucholsky: Gesammelte Werke. Hg. M. Gerold-Tucholsky, F. J. Raddatz. 4 Bde. Hamburg 1960 ff. Bd. 3, S. 1039 f.

124 Franz Werfel: Gesammelte Werke in Einzelausgaben. Hg. A. D. Klarmann. Stockholm, Frankfurt a. M. 1948 ff. Bd. 8: Das lyrische Werk, S. 86 f.

125 Johannes R. Becher: Gesammelte Werke. Hg. Johannes-R.-Becher-Archiv der Deutschen Akademie der Künste zu Berlin. Berlin, Weimar 1966 ff. Bd. 1, S. 76 f. Im ersten Vers der letzten Strophe ist ein offensichtlicher Druckfehler korrigiert.

126 Ebd., Bd. 2, S. 30-33.
127 Georg Britting: Gesamtausgabe in Einzelbänden. 6 Bde. München 1957 ff. Bd. 2: Gedichte 1940-1951, S. 190 f.
128 Yvan Goll: Dichtungen. Lyrik. Prosa. Drama. Hg. C. Goll. Darmstadt, Berlin, Neuwied 1960, S. 82 f.
129 Nelly Sachs: Die Gedichte. Bd. 1: Fahrt ins Staublose. Frankfurt a.M. 1961, S. 319.
130 Ebd., Bd. 2: Suche nach Lebenden. Hg. M. und B. Holmquist. Frankfurt a.M. 1971, S. 165.
131 Josef Weinheber: Sämtliche Werke. Nach J. Nadler und H. Weinheber neu hg. von F. Jenaczek. 5 Bde. Salzburg 1970 ff. Bd. 2, S. 554.
132 Gertrud Kolmar: Das lyrische Werk. München 1960, S. 193.
133 Heimito von Doderer: Die Strudlhofstiege. (Widmungsgedicht). 10. Aufl. München 1987, S. 7.
134 Theodor Kramer: Gesammelte Gedichte. Hg. E. Chvojka. Wien, München, Zürich 1984 ff. Bd. 1, S. 51.
135 Ebd., Bd. 1, S. 55.
136 Bertolt Brecht: Gesammelte Werke. Hg. Suhrkamp Verlag in Zusammenarbeit mit E. Hauptmann u. a. 10 Bde. Frankfurt a.M. 1967 ff. Bd. 4, S. 722-725.
137 Ebd., Bd. 4, S. 179-181.
138 Ebd., Bd. 4, S. 843.
139 Ebd., Bd. 4, S. 652 f.
140 Ebd., Bd. 4, S. 232.
141 Ebd., Bd. 4, S. 252.
142 Marie Luise Kaschnitz: Gesammelte Werke. Hg. C. Büttrich, N. Miller. 7 Bde. Frankfurt a.M. 1981 ff. Bd. 5, S. 101.
143 Peter Huchel: Gesammelte Werke. Hg. A. Vieregg. 2 Bde. Frankfurt a.M. 1984. Bd. 1, S. 139 f.
144 Ebd., Bd. 1, S. 187.
145 Ebd., Bd. 1, S. 175.
146 Rose Ausländer: Gesammelte Werke. Hg. H. Braun. 7 Bde. Frankfurt a.M. 1984 ff. Bd. 3, S. 59.
147 Günter Eich: Gesammelte Werke. Hg. Suhrkamp Verlag in Verbindung mit I. Aichinger u. a. 4 Bde. Frankfurt a.M. 1973. Bd. 1, S. 24.
148 Ebd., Bd. 1, S. 130.
149 Ebd., Bd. 1, S. 36 f.
150 Ernst Meister: Sämtliche Gedichte. Hg. R. Kiefer. Aachen 1985 ff. Bd. 7, S. 46 (Etüden IV).
151 Ebd., Bd. 4, S. 49.
152 Christine Busta: Der Regenbaum. Gedichte. 2. Aufl. Salzburg 1977, S. 99.

153 Karl Krolow: Gesammelte Gedichte. 3 Bde. Frankfurt a.M. 1965 ff. Bd. 1, S. 144 f. (Jemand II).

154 Ebd., Bd. 1, S. 107.

155 Ebd., Bd. 1, S. 209.

156 Ebd., Bd. 2, S. 98.

157 Johannes Bobrowski: Gesammelte Werke. Hg. E. Haufe. 4 Bde. Stuttgart 1987. Bd. 1, S. 80.

158 Ebd., Bd. 1, S. 143.

159 Paul Celan: Gesammelte Werke. Hg. B. Allemann, S. Reichert. 5 Bde. Frankfurt a.M. 1983. Bd. 1, S. 138 f.

160 Ebd., Bd. 1, S. 87.

161 Ebd., Bd. 1, S. 167.

162 Ebd., Bd. 2, S. 31.

163 Ilse Aichinger: verschenkter Rat. Gedichte. Frankfurt a.M. 1978, S. 27.

164 Hans Carl Artmann: Gedichte über die Liebe und über die Lasterhaftigkeit. Ausgewählt v. E. Borchers. Frankfurt a.M. 1975, S. 55 f.

165 Erich Fried: und Vietnam und. Einundvierzig Gedichte. Berlin 1966, S. 36.

166 Erich Fried: Die Freiheit den Mund aufzumachen. Achtundvierzig Gedichte. Berlin 1972, S. 25.

167 Abdrucklizenz verweigert.

168 Abdrucklizenz verweigert.

169 Friederike Mayröcker: Gute Nacht, guten Morgen. Gedichte 1978-1981. Frankfurt a.M. 1982, S. 100.

170 Ebd., S. 99.

171 Ebd., S. 139.

172 Friederike Mayröcker: Tod durch Musen. Poetische Texte mit einem Nachwort von E. Gomringer. Darmstadt, Neuwied 1973, S. 19 (Erstausgabe 1966).

173 Ebd., S. 80 f.

174 Eugen Gomringer: worte sind schatten. die konstellationen 1951-1968. Hg. u. eingel. von H. Heißenbüttel. Reinbek 1969, S. 27.

175 Ernst Jandl: Gesammelte Werke. Hg. K. Siblewski. 3 Bde. Darmstadt, Neuwied 1985. Bd. 1, S. 437.

176 Ebd., Bd. 1, S. 125.

177 Ebd., Bd. 1, S. 124.

178 Heinz Piontek: Werke. 6 Bde. München 1981 ff. Bd. 1, S. 213.

179 Ingeborg Bachmann: Werke. Hg. C. Koschel, I. v. Weidenbaum, C. Münster. 4 Bde. München, Zürich 1978. Bd. 1, S. 167 f.

180 Ebd., Bd. 1, S. 152.

181 Ebd., Bd. 1, S. 162 f.

182 Elisabeth Borchers: Gedichte. Ausgewählt von J. Becker. Frankfurt a.M. 1976, S. 7 f.

183 Christa Reinig: Sämtliche Gedichte. Mit einem Vorwort von H. Bienek. Düsseldorf 1984, S. 18.

184 Günter Grass: Werkausgabe. Hg. V. Neuhaus u. a. 10 Bde. Darmstadt, Neuwied 1987. Bd. 1, S. 141. (Im dritten Vers der zweiten Strophe ist ein Druckfehler korrigiert: seit › sein.)

185 Paul Wühr: Preislied. Hörspiel aus gesammelten Stimmen. Stuttgart 1974, S. 19 f. (Lizenz Carl Hanser Verlag München 1973, aber von der Hanser-Ausgabe im Text abweichend).

186 Paul Wühr: Sage. Ein Gedicht. München 1988, S. 26.

187 Hans Magnus Enzensberger: Gedichte 1955-1970. Frankfurt a.M. 1971, S. 13.

188 Ebd., S. 162.

189 Günter Kunert: Verkündigung des Wetters. Gedichte. München 1966, S. 51.

190 Günter Kunert: Unterwegs nach Utopia. Gedichte. München, Wien 1977, S. 75.

191 Peter Rühmkorf: Gesammelte Gedichte. Reinbek 1976, S. 135.

192 Konrad Bayer: Das Gesamtwerk. Reinbek 1977, S. 48.

193 Jürgen Becker: Gedichte 1965-1980. Frankfurt a.M. 1981, S. 72.

194 Günter Herburger: Ventile. Köln, Berlin 1966, S. 20.

195 Peter O. Chotjewitz: Ulmer Brettspiele. Gedichte. Stierstadt/Ts. 1969, unpag.

196 Sarah Kirsch: Rückenwind. Gedichte. Ebenhausen bei München 1977, S. 60.

197 Wolf Biermann: Nachlaß 1. Köln 1977, S. 65.

198 Kurt Bartsch: Die Lachmaschine. Gedichte, Songs und ein Prosafragment. Berlin 1971, S. 30.

199 Nicolas Born: Das Auge des Entdeckers. Gedichte. Reinbek 1972, S. 110.

200 Ebd., S. 106 f.

201 Rolf Dieter Brinkmann: Westwärts 1 & 2. Gedichte. Reinbek 1975, S. 78 f.

202 Ebd., S. 174.

203 Peter Handke: Die Innenwelt der Außenwelt der Innenwelt. Frankfurt a.M. 1969, S. 16-18.

204 Jörg Fauser: Die Harry Gelb Story. Augsburg 1985, S. 15.

205 Ulla Hahn: Herz über Kopf. Gedichte. Stuttgart 1981, S. 78.

206 Markus Manfred Jung: halbwertsziit – Alemannische Gedichte. Waldkirch 1989, S. 57.

207 Charles Baudelaire: Œuvres complètes. Hg. C. Pichois. 2 Bde. Pa-

ris 1975 f. Bd. 1, S. 66. Übersetzung von Roland Posner (in: Sprache im technischen Zeitalter 29. 1969, S. 1) in leichter Überarbeitung.

208 Kate Bush: Hounds of Love. Dort im zweiten Zyklus: The Ninth Wave. Novercia Ltd. 1985. Übersetzung von mir, G. K.

Auswahlbibliographie
von Thomas Pittrof

Da Werkausgaben der Autoren schon genannt sind, werden in die Bibliographie nur Anthologien aufgenommen. Bei der Fülle wissenschaftlicher Literatur kann nur eine kleine Auswahl von Titeln gegeben werden. Literatur zu den einzelnen Autoren steht bei den entsprechenden Abschnitten des Texts in den Anmerkungen. Hier finden sich in erster Linie solche Titel, die Orientierung über Grundlagen der Gedichtinterpretation und epochenbildende Zusammenhänge der Lyrikgeschichte versprechen.

Zeitschriftenaufsätze blieben bis auf wenige Ausnahmen unberücksichtigt.

I. Gliederung

A. Bibliographie der Quellen

B. Gedichtsammlungen
   1. Thematisch und zeitlich übergreifende Anthologien
   2. Epochen- und Regionalausschnitte deutschsprachiger Lyrik
   3. Einzelne Themen, Richtungen, Formen und Motive

C. Wissenschaftliche Literatur
   1. Grundlagen der Gedichtinterpretation:
      Gegenstandsbestimmung, Methode, Grundbegriffe
      a) Lyriktheorie
      b) Lyrikanalyse: Techniken, Methoden, Beispiele
      c) Formelemente des Gedichts: Metrik, Rhythmus, Reim- und
         Strophenformen
      d) Bildlichkeit
      e) Das »lyrische Ich«
   2. Literaturgeschichtliche Darstellungen des Zeitraums
   3. Geschichte der Lyrik
      a) Gesamtdarstellungen und Epochenausschnitte
      b) Geschichte einzelner Themen, Richtungen, Formen und Motive
      c) Sozialgeschichtliche Untersuchungen
      d) Zur Poetik des modernen Gedichts: Immanente Selbstreflexion
         und poetologische Reflexion der Autoren

D. Interpretationen
   1. Bibliographie der Interpretationen
   2. Interpretationssammlungen

II. Die Titel

A. Bibliographie der Quellen

Bark, J., Pforte, D. (Hg.): Die deutschsprachige Anthologie. 2 Bde.
   Bd. 1: Ein Beitrag zu ihrer Theorie und eine Auswahlbibliographie
   1800-1950. Frankfurt a.M. 1970.
Dühmert, Anneliese: Von wem ist das Gedicht? Eine bibliographische Zu-
   sammenstellung aus fünfzig deutschsprachigen Anthologien. Berlin
   1969.
Hans, J., Herms, U., Thenior, R. (Hg.): Lyrik-Katalog Bundesrepublik.
   Gedichte, Biographien, Statements. München 1978. (Mit einer Aus-
   wahlbibliographie auf den Seiten 567-606: Gedichtbände 1970-1977.)
Hartung, Harald: Deutsche Lyrik seit 1965. Tendenzen – Beispiele – Por-
   träts. München 1985. (Mit einer Auswahlbibliographie auf den Seiten
   240–246: Gedichtbände 1965-1984.)
Jordan, L. (Hg.): Europäische Poesiezeitschriften der Gegenwart. Ein
   Auswahlverzeichnis mit Selbstkommentaren. Münster 1987.
Paulus, Rolf, Steuler, Ursula: Bibliographie zur deutschen Lyrik nach
   1945. Forschung – Autoren – Anthologien. 2. Aufl. Wiesbaden 1977.
Rüdiger, Kurt: Sechstausend Gedicht-Anfänge und ihre Verfasser. o.O.
   u.J.
   (= ders. [Hg.]: Der Karlsruher Bote. Ohne Bandzählung. Seit 1948 jähr-
   lich 12 Gedichtbuchausgaben.)
Schlütter, Hans-Jürgen: Lyrik – 25 Jahre. Bibliographie der deutschsprachigen Lyrikpublikationen 1945-1970. 2 Bde. Hildesheim, Zürich, New
   York 1974 und 1983.

B. Gedichtsammlungen

1. Thematisch und zeitlich übergreifende Anthologien

Bondy, B., Goldschmidt, R. (Hg.): Das Gedichtbuch. Eine Sammlung
   deutscher Lyrik. Frankfurt a.M. 1970.
Borchers, D. (Hg.): Deutsche Gedichte von Hildegard von Bingen bis
   Ingeborg Bachmann. Frankfurt a.M. 1987. (Lyrik von Frauen)
Conrady, K.O. (Hg.): Das große deutsche Gedichtbuch. 2. Aufl. König-
   stein/Ts. 1978.

Echtermeyer, E. T. (Hg.): Auswahl deutscher Gedichte für die unteren und mittleren Klassen gelehrter Schulen. 1836. Neugestaltet von Benno von Wiese. Neue überarbeitete Ausgabe. Düsseldorf 1981.

Enzensberger, H. M. (Hg.): Museum der modernen Poesie. Frankfurt a.M. 1982. (1. Aufl. 1960)

Hädecke, W., Miehe, U. (Hg.): Panorama moderner Lyrik deutschsprechender Länder. Von der Jahrhundertwende bis zur jüngsten Gegenwart. Gütersloh 1965. (Mit einer Auswahlbibliographie auf den Seiten 583-590: »Lyrikanthologien 1912-1965«.)

Haufe, E. (Hg.): Meine liebsten Gedichte: eine Auswahl deutscher Lyrik von Martin Luther bis Christoph Meckel (...) nach der handschriftlichen Sammlung Johannes Bobrowski. Berlin 1985.

Klemm, W. (Hg.): Deutsche Gedichte I. Von den Zaubersprüchen bis zur George-Zeit. Mainz 1985 (= Nachdruck des Bandes »Deutsche Gedichte«. Wiesbaden 1957).

Krolow, K. (Hg.): Deutsche Gedichte. 2 Bde. Frankfurt a.M. 1982.

Thalmayr, A. (Hg.): Das Wasserzeichen der Poesie oder die Kunst und das Vergnügen, Gedichte zu lesen. Nördlingen 1985.

2. Epochen- und Regionalausschnitte deutschsprachiger Lyrik

Bender, H. (Hg.): Deutsche Gedichte 1930-1960. Stuttgart 1983.

Ders. (Hg.): In diesem Lande leben wir. Deutsche Gedichte der Gegenwart. Eine Anthologie in zehn Kapiteln. München 1978.

Ders. (Hg.): Widerspiel. Deutsche Lyrik seit 1945. 2. Aufl. München 1963.

Ders. (Hg.): Was sind das für Zeiten. Deutschsprachige Gedichte der achtziger Jahre. München 1988.

Bode, D. (Hg.): Gedichte des Expressionismus. 3. Aufl. Stuttgart 1983.

Domin, H. (Hg.): Nachkrieg und Unfrieden. Gedichte als Index 1945-1970. Neuwied, Berlin 1970.

Emmerich, W., Heil, S. (Hg.): Lyrik des Exils. Stuttgart 1985.

Geerk, F. (Hg.): Lyrik aus der Schweiz. Zürich, Köln 1974.

Hage, V. (Hg.): Lyrik für Leser. Deutsche Gedichte der 70er Jahre. Stuttgart 1980.

Hermand, J. (Hg.): Lyrik des Jugendstils. Stuttgart 1964.

Heselhaus, C. (Hg.): Lyrik des Expressionismus. Tübingen 1956.

Höllerer, W. (Hg.): Transit. Lyrikbuch der Jahrhundertmitte. Frankfurt a.M. 1956.

Killy, W. (Hg.): Epochen der deutschen Lyrik.
     Bd. 8: 1830-1900. Hg. von R.-R. Wuthenow. München 1970.
     Bd. 9: 1900-1960. 2 Teile. Hg. G. Lindemann. München 1974.

Laschen, G. (Hg.): Lyrik aus der DDR. Zürich, Köln 1973.

Mahal, G. (Hg.): Lyrik der Gründerzeit. Tübingen 1973.

Pinthus, K. (Hg.): Menschheitsdämmerung. Ein Dokument des Expressionismus. Mit Biographien und Bibliographien neu hg. von K. Pinthus. Hamburg 1959 u. ö. (Erstausgabe 1920).

Reso, M. (Hg.): Expressionismus. Lyrik. Mit einem Nachwort von S. Schlenstedt. Berlin, Weimar 1969.

Riha, Karl (Hg.): 113 dada Gedichte. Berlin 1982.

Schlösser, M. (unter Mitarbeit von H.-R. Ropertz) (Hg.): An den Wind geschrieben. (. . .) Gedichte der Jahre 1933-1945. Vierte Aufl. Berlin 1982.

Schutte, J. (Hg.): Lyrik des Naturalismus. Stuttgart 1982.

Theobaldy, J. (Hg.): Und ich bewege mich doch. Gedichte vor und nach 1968. 2. Aufl. München 1978.

Vietta, S. (Hg.): Lyrik des Expressionismus. München, Tübingen 1976.

3. Einzelne Themen, Richtungen, Formen und Motive

Anz, T., Vogl, J. (Hg.): Die Dichter und der Krieg. Deutsche Lyrik 1914-1918. München, Wien 1982.

Fechner, J.-U. (Hg.): Das deutsche Sonett. Dichtungen, Gattungspoetik, Dokumente. München 1969.

Gomringer, E. (Hg.): Konkrete Poesie. Deutschsprachige Autoren. Stuttgart 1972.

Hinck, W. (unter Mitarbeit von F. Krause) (Hg.): Schläft ein Lied in allen Dingen. Das Gedicht als Spiegel des Dichters. Poetische Manifeste von Walther von der Vogelweide bis zur Gegenwart. Frankfurt a.M. 1985.

Kircher, H. (Hg.): Deutsche Sonette. Stuttgart 1979.

Kurz, P. K. (Hg.): Psalmen vom Expressionismus bis zur Gegenwart. Freiburg, Basel, Wien 1978.

Marsch, E. (Hg.): Moderne deutsche Naturlyrik. Stuttgart 1980.

Rothe, W. (Hg.): Deutsche Großstadtlyrik vom Naturalismus bis zur Gegenwart. Stuttgart 1973.

Sommerfeld, M. (Hg.): Deutsche Lyrik 1880-1930. Nach Motiven ausgewählt und geordnet. Berlin 1931.

Verweyen, Th., Witting, G. (Hg.): Deutsche Lyrik-Parodien aus drei Jahrhunderten. Stuttgart 1983.

Völker, L. (Hg.): »Komm, heilige Melancholie«. Eine Anthologie deutscher Melancholie-Gedichte. Stuttgart 1983.

Wagner, H. (Hg.): Deutsche Liebeslyrik. Stuttgart 1982.

C. Wissenschaftliche Literatur

1. Grundlagen der Gedichtinterpretation: Gegenstandsbestimmung, Methode, Grundbegriffe

a) Lyriktheorie

Adorno, Theodor W.: Rede über Lyrik und Gesellschaft (1957). In: ders.: Noten zur Literatur I. Frankfurt a.M. 1958 (u.ö.).

Anz, Thomas: Die Bedeutung poetischer Rede. Studien zur hermeneutischen Begründung und Kritik von Poetologie. München 1979.

Austermühl, Elke: Poetische Sprache und lyrisches Verstehen. Studien zum Begriff der Lyrik. Heidelberg 1981.

Behrens, Irene: Die Lehre von der Einteilung der Dichtkunst, vornehmlich vom 16. bis 19. Jahrhundert. Studien zur Geschichte der poetischen Gattungen. Halle a. d. S. 1940.

Conrady, Karl Otto: Von Schwierigkeiten, über Gedichte zu reden. In: Kolkenbrock-Netz, J., u. a. (Hg.): Wege der Literaturwissenschaft. Bonn 1985, S. 26-44.

Domin, Hilde: Wozu Lyrik heute. Dichtung und Leser in der gesteuerten Gesellschaft. 4. Aufl. München 1981.

Grimm, R. (Hg.): Zur Lyrik-Diskussion. 2. Aufl. Darmstadt 1974.

Hamburger, Käthe: Die Logik der Dichtung. 2. stark veränderte Aufl. Stuttgart 1968.

Horch, Hans Otto: Lyrik. In: Borchmeyer, D., Zmegac, H. (Hg.): Moderne Literatur in Grundbegriffen. Frankfurt a.M. 1987, S. 287-339.

Killy, Walther: Elemente der Lyrik. München 1972.

Kommerell, Max: Gedanken über Gedichte. 3. Aufl. Frankfurt a.M. 1956.

Lamping, Dieter: Das lyrische Gedicht. Definitionen zu Theorie und Geschichte der Gattung. Göttingen 1989.

Neumann, Bernd Helmut: Die kleinste poetische Einheit. Semantisch-poetologische Untersuchungen an Hand der Lyrik von Conrad Ferdinand Meyer, Arno Holz, August Stramm und Helmut Heißenbüttel. Köln, Wien 1977.

Neumeister, Sebastian: Poetizität. Wie kann ein Urteil über heutige Gedichte gefunden werden? (Antwort auf die Preisfrage der Deutschen Akademie für Sprache und Dichtung vom Jahre 1970.) Heidelberg 1970.

Ruprecht, Dorothea: Untersuchungen zum Lyrikverständnis in Kunsttheorie, Literaturhistorie und Literaturkritik zwischen 1830 und 1860. Göttingen 1987.

Schreiber, Mathias: Die unvorstellbare Kunst. Die Stärke des Schwachen als poetisches Prinzip. Frankfurt a.M. 1970.
Staiger, Emil: Grundbegriffe der Poetik. 8. Aufl. Zürich 1968 (u. ö.).
Voege, Ernst: Mittelbarkeit und Unmittelbarkeit in der Lyrik. Untersuchungen an lyrischen Gedichten des Altertums und der Neuzeit im Hinblick auf die herrschende deutsche Lyrik-Theorie. München 1932 (Reprint Darmstadt 1968).
Völker, L. (Hg.): Theorie der Lyrik. Stuttgart 1986.
Werner, Heinz: Die Ursprünge der Lyrik. Eine entwicklungspsychologische Untersuchung. München 1924.

b) Einführungen in Lyrikanalyse und Lyrikinterpretation
Andreotti, Mario: Die Struktur der modernen Literatur. Neue Wege in der Textanalyse. Einführung; Epik und Lyrik. Bern, Stuttgart 1983.
Binder, Alwin, Richertz, Heinrich: Lyrikanalyse: Anleitung und Demonstration. Frankfurt a.M. 1984.
Binneberg, Kurt: Lektürehilfen Liebeslyrik. Epochen- und gattungsspezifische Aspekte. Stuttgart 1989.
Bode, Christoph: Lyrik und Methode. Propädeutische Arbeit mit Gedichten. Berlin 1983.
Grewendorf, G. (Hg.): Argumentation und Interpretation. Wissenschaftstheoretische Untersuchungen am Beispiel germanistischer Lyrikinterpretationen. Kronberg/Ts. 1975.
Herrmann, Manfred: Gedichte interpretieren. Modelle, Anregungen, Aufgaben. Paderborn 1979.
Jakobson, Roman: Hölderlin, Klee, Brecht. Zur Wortkunst dreier Gedichte. Eingel. und hg. von E. Holenstein. Frankfurt a.M. 1976.
Knörrich, Otto: Lyrische Texte. Strukturanalyse und historische Interpretation. München 1985.
Köpf, G. (Hg.): Neun Kapitel Lyrik. Paderborn usw. 1984.
Lehnert, Herbert: Struktur und Sprachmagie. Zur Methode der Lyrik-Interpretation. 2. Aufl. Stuttgart, Köln, Berlin, Mainz 1972.
Ludwig, Hans-Werner: Arbeitsbuch Lyrikanalyse. 2. Aufl. Tübingen 1981.
Meggle, Georg, Beetz, Manfred: Interpretationstheorie und Interpretationspraxis der Lyrik. Kronberg/Ts. 1976.
Politische Lyrik. Arbeitsbuch. Mit einer Einführung in Verfahren zur Erarbeitung politischer Gedichte. Für die Schule hg. v. K. H. Fingerhut, N. Hopster. Frankfurt a.M., Berlin, München 1972.

c) Formelemente des Gedichts: Metrik, Rhythmus, Reim- und
  Strophenformen

Albertsen, Leif Ludwig: Neuere deutsche Metrik. Bern, Frankfurt a.M.,
  Nancy, New York 1984.

Asmuth, Bernhard: Aspekte der Lyrik. Mit einer Einführung in die Vers-
  lehre. 6. Aufl. Opladen 1981.

Behrmann, Alfred: Einführung in den neueren deutschen Vers. Vom Ba-
  rock bis zur Gegenwart. Stuttgart 1989.

Breuer, Dieter: Deutsche Metrik und Versgeschichte. München 1981.

Frank, Horst Joachim: Handbuch der deutschen Strophenformen. München, Wien 1980.

Jünger, Friedrich Georg: Rhythmus und Sprache im deutschen Gedicht.
  2. Aufl. Stuttgart 1966.

Kayser, Wolfgang: Kleine deutsche Versschule. Bern, München. 20. Aufl.
  1980.

Nagel, Bert: Das Reimproblem in der deutschen Dichtung. Vom Otfried-
  vers zum freien Vers. Berlin 1985.

Paul, Otto, Glier, Ingeborg: Deutsche Metrik. 10. Aufl. München 1979
  (u. ö.).

Rühmkorf, Peter: agar agar – zaurzaurim. Zur Naturgeschichte des Reims
  und der menschlichen Anklangsnerven. Reinbek 1981.

Schlawe, Fritz: Die deutschen Strophenformen. Systematisch-chronologi-
  sches Register zur deutschen Lyrik 1600-1950. Stuttgart 1972.

Wagenknecht, Christian: Deutsche Metrik. Eine historische Einführung.
  München 1981.

Wiegand, Julius: Abriß der lyrischen Technik. Fulda 1951.

d) Bildlichkeit

Killy, Walther: Wandlungen des lyrischen Bildes. 9. Aufl. Göttingen 1978.

Krummacher, Hans-Henrik: Das »als ob« in der Lyrik. Erscheinungsformen und Wandlungen einer Sprachfigur der Metaphorik von der Romantik bis zu Rilke. Köln, Graz 1965.

Kurz, Gerhard: Metapher, Allegorie, Symbol. 2. Aufl. Göttingen 1988.

Ledanff, Susanne: Die Augenblicksmetapher. Über Bildlichkeit und Spon-
  taneität in der Lyrik. München 1981.

Macleish, Archibald: Elemente der Lyrik. Leitfaden für Leser. Göttingen
  1960.

e) Das »lyrische Ich«

Gnüg, Hiltrud: Entstehung und Krise lyrischer Subjektivität. Vom klassischen Ich zur modernen Erfahrungswirklichkeit. Stuttgart 1983.

Müller, Wolfgang G.: Das lyrische Ich. Erscheinungsformen gattungseigentümlicher Autor-Subjektivität in der englischen Lyrik. Heidelberg 1979.

Pestalozzi, Karl: Die Entstehung des lyrischen Ich. Studien zum Motiv der Erhebung in der Lyrik. Berlin 1970.

Sorg, Bernhard: Das lyrische Ich. Untersuchungen zu deutschen Gedichten von Gryphius bis Benn. Tübingen 1984.

Spinner, Kaspar H.: Zur Struktur des lyrischen Ich. Frankfurt a.M. 1975.

2. Literaturgeschichtliche Darstellungen des Zeitraums

Arnold, H.L. (Hg.): Bestandsaufnahme Gegenwartsliteratur. Bundesrepublik Deutschland, Deutsche Demokratische Republik, Österreich, Schweiz. Sonderband Text + Kritik. München 1988.

Arnold, H.L. (Hg.): Kritisches Lexikon zur deutschsprachigen Gegenwartsliteratur. München 1978 ff.

Berg, Jan u.a.: Sozialgeschichte der deutschen Literatur von 1918 bis zur Gegenwart. Frankfurt a.M. 1981.

Demetz, Peter: Die süße Anarchie. Deutsche Literatur seit 1945. Eine kritische Einführung. Berlin 1970.

Denkler, H., Prümm, K. (Hg.): Die deutsche Literatur im Dritten Reich. Themen, Traditionen, Wirkungen. Stuttgart 1976.

Deutsche Schriftsteller im Portrait.
   Bd. 4: Das neunzehnte Jahrhundert. Restaurationsepoche, Realismus, Gründerzeit. Hg. H. Häntzschel. München 1981.
   Bd. 5: Jahrhundertwende. Hg. H.-O. Hügel. München 1983.
   Bd. 6: Expressionismus und Weimarer Republik. Hg. K.H. Habersetzer. München 1984.

Durzak, M. (Hg.): Deutsche Gegenwartsliteratur. Ausgangspositionen und aktuelle Entwicklungen. Stuttgart 1981.

Eykman, Christoph: Denk- und Stilformen des Expressionismus. München 1974.

Fischer, L. (Hg.): Literatur in der Bundesrepublik Deutschland bis 1967. München, Wien 1986 (= Hansers Sozialgeschichte der deutschen Literatur. Hg. R. Grimminger. Bd. 10).

Glaser, H.A. (Hg.): Deutsche Literatur. Eine Sozialgeschichte.
   Bd. 7: Vom Nachmärz zur Gründerzeit: Realismus. 1848-1880. Hg. H.A. Glaser. Reinbek 1982.
   Bd. 8: Jahrhundertwende: Vom Naturalismus zum Expressionismus. 1880-1918. Hg. F. Trommler. Reinbek 1982.
   Bd. 9: Weimarer Republik – Drittes Reich: Avantgardismus, Parteilichkeit, Exil. 1918-1945. Hg. A. v. Bormann, H.A. Glaser. Reinbek 1983.

Greiner, Bernhard: Literatur der DDR in neuer Sicht. Studien und Inter-
    pretationen. Frankfurt a.M., Bern, New York 1986.
Hamann, Richard, Hermand, Jost: Gründerzeit. 2. Aufl. München 1974.
Just, Klaus-Günther: Von der Gründerzeit bis zur Gegenwart. Geschichte
    der deutschen Literatur seit 1871. Bern, München 1973.
Kindlers Literaturgeschichte der Gegenwart. Autoren, Werke, Themen,
    Tendenzen seit 1945. Aktualisierte Neuausgabe in 12 Bdn. Frankfurt
    a.M. 1980.
Koebner, T. (Hg.): Tendenzen der deutschen Gegenwartsliteratur. 2. neu-
    verf. Aufl. Stuttgart 1984.
Kohlschmidt, Werner: Geschichte der deutschen Literatur vom Jungen
    Deutschland bis zum Naturalismus. Stuttgart 1975 (= Geschichte der
    deutschen Literatur von den Anfängen bis zur Gegenwart. Bd. 4).
Lehnert, Herbert: Geschichte der deutschen Literatur vom Jugendstil bis
    zum Expressionismus. Stuttgart 1978 (= Geschichte der deutschen Lite-
    ratur von den Anfängen bis zur Gegenwart. Bd. 5).
Mann, O., Rothe, W. (Hg.): Deutsche Literatur im 20. Jahrhundert.
    Strukturen und Gestalten. 2 Bde. 5. erw. Aufl. Bern, München 1967.
    (Mit einem Beitrag von C. Heselhaus über »Die deutsche Lyrik des 20.
    Jahrhunderts« in Bd. 1, S. 11-44.)
Martini, Fritz: Deutsche Literatur im bürgerlichen Realismus. 1848-1898.
    3. Aufl. Stuttgart 1974. (Mit einem Großkapitel: »Die Lyrik«, S. 237-
    354.)
Paulsen, Wolfgang: Deutsche Literatur des Expressionismus. Bern, Frank-
    furt a.M., New York 1983.
Rasch, Wolfdietrich: Die literarische Décadence um 1900. München 1986.
Rasch, Wolfdietrich: Zur deutschen Literatur seit der Jahrhundertwende.
    Gesammelte Aufsätze. Stuttgart 1967.
Rothe, Wolfgang: Der Expressionismus. Theologische, soziologische und
    anthropologische Aspekte einer Literatur. Frankfurt a.M. 1977.
Rothe, W. (Hg.): Expressionismus als Literatur. Gesammelte Studien.
    Bern, München 1969.
Rothe, W. (Hg.): Die deutsche Literatur in der Weimarer Republik. Stutt-
    gart 1974.
Rothmann, Kurt: Deutschsprachige Schriftsteller seit 1945 in Einzeldar-
    stellungen. Stuttgart 1985.
Scheuer, H. (Hg.): Naturalismus. Bürgerliche Dichtung und soziales En-
    gagement. Stuttgart, Berlin, Köln, Mainz 1974.
Schmitt, H.-J. (Hg.): Die Literatur der DDR. München 1983 (= Hansers
    Sozialgeschichte der deutschen Literatur. Hg. R. Grimminger. Bd. 11).
Schnell, Ralf: Die Literatur in der Bundesrepublik. Autoren, Geschichte,
    Literaturbetrieb. Stuttgart 1986.

See, K. v. (Hg.): Neues Handbuch der Literaturwissenschaft.
  Bd. 17: Europäischer Realismus. Hg. R. Lauer. Wiesbaden 1980.
  Bd. 18: Jahrhundertende – Jahrhundertwende. I. Teil. Hg. H. Kreuzer. Wiesbaden 1976.
  Bd. 19: Jahrhundertende – Jahrhundertwende. II. Teil. Hg. H. Hinterhäuser. Wiesbaden 1976.
  Bd. 20: Zwischen den Weltkriegen. Hg. T. Koebner. Wiesbaden 1983.
  Bd. 21: Literatur nach 1945. I. Teil. Politische und regionale Aspekte. Hg. J. Hermand. Wiesbaden 1979.
  Bd. 22: Literatur nach 1945. II. Teil. Themen und Genres. Hg. J. Hermand. Wiesbaden 1979.
Soergel, Albert: Dichtung und Dichter der Zeit. Eine Schilderung der deutschen Literatur der letzten Jahrzehnte. Leipzig 1911. Neue Folge: Im Banne des Expressionismus. Leipzig 1925. Dritte Folge: Dichter aus deutschem Volkstum. Leipzig 1934.
Steffen, H. (Hg.): Der deutsche Expressionismus. Formen und Gestalten. Göttingen 1965.
Thalheim, H.-G. u. a. (Hg.): Geschichte der deutschen Literatur von den Anfängen bis zur Gegenwart.
  Bd. 8: Von 1830 bis zum Ausgang des 19. Jahrhunderts. 2 Bde. Berlin 1975.
  Bd. 9: Vom Ausgang des 19. Jahrhunderts bis 1917. Berlin 1974.
  Bd. 10: Von 1917 bis 1945. Berlin 1973.
  Bd. 11: Literatur der Deutschen Demokratischen Republik. Berlin 1976.
  Bd. 12: Literatur der BRD. Berlin 1983.
Weber, D. (Hg.): Deutsche Literatur der Gegenwart in Einzeldarstellungen. 2 Bde. Bd. 1. 3. Aufl. Stuttgart 1976. Bd. 2. Stuttgart 1977.
Wiese, B. v. (Hg.): Deutsche Dichter des 19. Jahrhunderts. Ihr Leben und Werk. 2. Aufl. Berlin 1979.
Wiese, B. v. u. a. (Hg.): Deutsche Dichter der Moderne. 4. Aufl. Berlin 1987.
Wunberg, Gotthart, Funke, Rainer: Deutsche Literatur des 19. Jahrhunderts (1830-1895). Bern, Frankfurt a. M., Las Vegas 1980 (= Jahrbuch für internationale Germanistik. Reihe C. Forschungsberichte I).
Žmegač, V. (Hg.): Deutsche Literatur der Jahrhundertwende. Königstein/Ts. 1981.

3. Geschichte der Lyrik

a) Gesamtdarstellungen und Epochenausschnitte
Braak, Ivo: Gattungsgeschichte deutschsprachiger Dichtung in Stichwor-

ten. Teil 2: Lyrik. c: Vom Biedermeier bis zum Expressionismus. Kiel
    1981.

Breuer, D. (Hg.): Deutsche Lyrik nach 1945. Frankfurt a.M. 1988.

Ermatinger, Emil: Die deutsche Lyrik in ihrer geschichtlichen Entwick-
    lung von Herder bis zur Gegenwart. 2 Bde. Leipzig, Berlin 1921. 2.
    Aufl. 3 Bde. Leipzig, Berlin 1925.

Flores, John: Poetry in East Germany. Adjustments, Visions and Provoca-
    tions, 1945-1970. New Haven, London 1971.

Friedrich, Hugo: Die Struktur der modernen Lyrik. Von der Mitte des 19.
    bis zur Mitte des 20. Jahrhunderts. Erweiterte Neuausgabe. Reinbek
    1985.

Hartung, Harald: Deutsche Lyrik seit 1965. Tendenzen, Beispiele, Por-
    träts. München 1985.

Heselhaus, Clemens: Deutsche Lyrik der Moderne. Von Nietzsche bis
    Yvan Goll. Die Rückkehr zur Bildlichkeit der Sprache. 2. Aufl. Düssel-
    dorf 1962.

Hinck, Walther: Von Heine zu Brecht. Lyrik im Geschichtsprozeß. Frank-
    furt a.M. 1978.

Hinderer, W. (Hg.): Geschichte der deutschen Lyrik vom Mittelalter bis
    zur Gegenwart. Stuttgart 1983. (Mit einer umfangreichen »Auswahlbi-
    bliographie zur Geschichte der deutschsprachigen Lyrik« von
    H. G. Hermann, S. 605-636.)

Jordan, L., Marquardt, A., Woesler, W. (Hg.): Lyrik von allen Seiten.
    Gedichte und Aufsätze des 1. Lyrikertreffens in Münster. Frankfurt
    a.M. 1981.

Dies. (Hg.): Lyrik: Blick über die Grenzen. Gedichte und Aufsätze des 2.
    Lyrikertreffens in Münster. Frankfurt a.M. 1984.

Dies. (Hg.): Zeitgenössische Lyrik in der Schule. 2. und 3. Lyrikertreffen
    in Münster. Beiträge für den Unterricht. Münster 1984.

Dies. (Hg.): Lyrik – Erlebnis und Kritik. Gedichte und Aufsätze des 3.
    und 4. Lyrikertreffens in Münster. Frankfurt a.M. 1988.

Kammermeier, Medard: Die Lyrik der neuen Subjektivität. Frankfurt
    a.M., Bern, New York 1986.

Klein, Johannes: Geschichte der deutschen Lyrik. Von Luther bis zum
    Ausgang des zweiten Weltkrieges. 2. Aufl. Wiesbaden 1960.

Knörrich, Otto: Die deutsche Lyrik seit 1945. 2. erw. Aufl. Stuttgart 1978.

Korte, Hermann: Geschichte der deutschsprachigen Lyrik seit 1945. Stutt-
    gart 1989.

Neis, Edgar: Struktur und Thematik der klassischen und der modernen
    Lyrik. Paderborn, München, Wien, Zürich 1986.

Schlaffer, Heinz: Lyrik im Realismus. Studien über Raum und Zeit in den
    Gedichten Mörikes, der Droste und Liliencrons. 3. Aufl. Bonn 1984.

Schuhmann, Klaus: Weltbild und Poetik. Zur Wirklichkeitsdarstellung in der Lyrik der BRD bis zur Mitte der siebziger Jahre. Berlin, Weimar 1979.

Schutte, Jürgen: Lyrik des deutschen Naturalismus (1885-1893). Stuttgart 1976.

Theobaldy, Jürgen, Zürcher, Gustav: Veränderung der Lyrik. Über westdeutsche Gedichte seit 1965. München 1976.

Weissenberger, K. (Hg.): Die deutsche Lyrik 1945-1975. Düsseldorf 1981. (Literaturgeschichte in Autorenporträts.)

Zürcher, Gustav: »Trümmerlyrik«. Politische Lyrik 1945-1950. Kronberg/Ts. 1977.

b) *Theorie und Geschichte einzelner Themen, Richtungen, Formen und Motive*

Adler, Jeremy, Ernst, Ulrich: Text als Figur. Visuelle Poesie von der Antike bis zur Moderne. Weinheim 1987.

Arnold, H. L. (Hg.): Politische Lyrik. Text und Kritik. Heft 9/9 a. 3. Aufl. München 1984.

Fechner, J.-U. (Hg.): Das deutsche Sonett. Dichtungen, Gattungspoetik, Dokumente. München 1969.

Feldt, Michael: Lyrik als Erlebnislyrik. Zur Geschichte eines Literatur- und Mentalitätstypus zwischen 1600 und 1900. Heidelberg 1990.

Fritsch, Gerolf: Das deutsche Naturgedicht. Der fiktionale Text im Kommunikationsprozeß. Stuttgart 1978.

Fülleborn, Ulrich: Das deutsche Prosagedicht. Zu Theorie und Geschichte einer Gattung. München 1970.

Goodbody, Axel: Natursprache. Ein dichtungstheoretisches Konzept der Romantik und seine Wiederaufnahme in der modernen Naturlyrik. Neumünster 1984.

Haupt, Jürgen: Natur und Lyrik. Naturbeziehungen im 20. Jahrhundert. Stuttgart 1983.

Helmers, Hermann: Lyrischer Humor. Strukturanalyse und Didaktik der komischen Versliteratur. 2. Aufl. Stuttgart 1978.

Heukenkamp, Ursula: Die Sprache der schönen Natur. Studien zur Naturlyrik. Berlin, Weimar 1982.

Hinck, Walther: Das Gedicht als Spiegel der Dichter. Zur Geschichte des deutschen poetologischen Gedichts. Opladen 1985.

Hinderer, W. (Hg.): Geschichte der politischen Lyrik in Deutschland. Stuttgart 1978.

Jungrichter, Cornelia: Ideologie und Tradition. Studien zur nationalsozialistischen Sonettdichtung. Bonn 1979.

Kämper-Jensen, Heidrun: Lieder von 1848. Politische Sprache einer literarischen Gattung. Tübingen 1989.

Kopfermann, T. (Hg.): Theoretische Positionen zur Konkreten Poesie. Texte und Bibliographie. Tübingen 1974.

Korte, Hermann: Der Krieg in der Lyrik des Expressionismus. Studien zur Evolution eines literarischen Themas. Bonn 1981.

Kranz, Gisbert: Das Bildgedicht in Europa. Paderborn 1973.

Langen, August: Dialogisches Spiel. Formen und Wandlungen des Wechselgesangs in der deutschen Dichtung (1600-1900). Heidelberg 1966.

Liede, Alfred: Dichtung als Spiel. Studien zur Unsinnspoesie an den Grenzen der Sprache. 2 Bde. Berlin 1963.

Rademacher, Gerhard: Das Technik-Motiv in der Literatur und seine didaktische Relevanz. Am Beispiel des Eisenbahngedichts im 19. und 20. Jahrhundert. Frankfurt a.M., Bern 1981.

Riha, Karl: Deutsche Großstadtlyrik. Eine Einführung. München, Zürich 1983.

Rotermund, Erwin: Die Parodie in der modernen deutschen Lyrik. München 1963.

Schöne, Albrecht: Über politische Lyrik im 20. Jahrhundert. Mit einem Textanhang. 3. Aufl. Göttingen 1972.

Segebrecht, Wulf: Das Gelegenheitsgedicht. Ein Beitrag zur Geschichte und Poetik der deutschen Lyrik. Stuttgart 1977.

Speier, Hans-Michael: Poesie der Metropole. Die Berlin-Lyrik von der Gründerzeit bis zur Gegenwart im Spiegel ihrer Anthologien. Mit einer Auswahlbibliographie Berliner Lyrik. Berlin 1990.

Stadler, Arnold: Das Buch der Psalmen und die deutschsprachige Lyrik des 20. Jahrhunderts. Köln, Wien, Graz 1989.

Todorow, Almut: Gedankenlyrik. Die Entstehung eines Gattungsbegriffs im 19. Jahrhundert. Stuttgart 1980.

Völker, Ludwig: Muse Melancholie – Therapeutikum Poesie. Studium zum Melancholie-Problem in der deutschen Lyrik von Hölty bis Benn. München 1978.

Volckmann, Silvia: Zeit der Kirschen? Das Naturbild in der deutschen Gegenwartslyrik: Jürgen Becker, Sarah Kirsch, Wolf Biermann, Hans Magnus Enzensberger. Königstein/Ts. 1982.

Werner, Hans-Georg: Geschichte des politischen Gedichts in Deutschland von 1815-1840. Berlin 1969.

Wilke, Jürgen: Das »Zeitgedicht«. Seine Herkunft und frühe Ausbildung. Meisenheim a.G. 1974.

Willems, Gottfried: Großstadt- und Bewußtseinspoesie. Über Realismus in der modernen Lyrik, insbesondere im lyrischen Spätwerk Gottfried Benns und in der deutschen Lyrik seit 1965. Tübingen 1981.

c) Sozialgeschichtliche Untersuchungen

Häntzschel, Günter: Die häusliche Deklamationspraxis. Ein Beitrag zur Sozialgeschichte der Lyrik in der zweiten Hälfte des 19. Jahrhunderts. In: ders. u. a. (Hg.): Zur Sozialgeschichte der deutschen Literatur von der Aufklärung bis zur Jahrhundertwende. Tübingen 1985, S. 203-233.

Ders.: »In zarte Frauenhand. Aus den Schätzen der Dichtkunst«. Zur Trivialisierung der Lyrik in der zweiten Hälfte des 19. Jahrhunderts. In: Zeitschrift für deutsche Philologie 99. 1980, S. 199-226.

Ders.: Ein entdornter Heine. Zur Sozialgeschichte der Lyrik des 19. Jahrhunderts. In: Heine-Jahrbuch 21. 1982, S. 89-110.

Ders.: Lyrik und Lyrik-Markt in der zweiten Hälfte des 19. Jahrhunderts. In: Internationales Archiv für Sozialgeschichte der deutschen Literatur 7. 1982, S. 199-246.

Martens, Wolfgang: Lyrik kommerziell. Das Kartell lyrischer Autoren 1902-1933. München 1975.

Rischke, Anne-Susanne: Die Lyrik in der »Gartenlaube« 1853-1903. Untersuchungen zu Thematik, Form und Funktion. Frankfurt a.M., Bern 1982.

Wehner, Walter: Weberelend und Weberaufstände in der deutschen Lyrik des 19. Jahrhunderts. Soziale Problematik und literarische Widerspiegelung. München 1981.

d) Zur Poetik des modernen Gedichts: Immanente Selbstreflexion und poetologische Reflexion der Autoren

Allemann, B. (Hg.): Ars poetica. Texte von Dichtern des 20. Jahrhunderts zur Poetik. 2. erw. Aufl. Darmstadt 1971.

Ansichten über Lyrik. Beiträge zum Dialog zwischen Poetik und Poesie. Leipzig 1980. (Slg. poetologischer Texte [gekürzt] von M. Opitz bis F. Fühmann und V. Braun.)

Bender, H. (Hg.): Mein Gedicht ist mein Messer. Lyriker zu ihren Gedichten. 21-30. Tsd. München 1964.

Bender, H., Krüger, M. (Hg.): Was alles hat Platz in einem Gedicht? Aufsätze zur deutschen Lyrik seit 1965. München 1977.

Burger, Heinz Otto, Grimm, Reinhold: Evokation und Montage. Drei Beiträge zum Verständnis moderner deutscher Lyrik. 2. Aufl. Göttingen 1967.

Domin, Hilde: Das Gedicht als Augenblick von Freiheit. Frankfurter Poetik-Vorlesungen 1987/1988. München, Zürich 1988.

Hamburger, Michael: The truth of poetry. Tensions in modern poetry from Baudelaire to the 1960s. Reprint London, New York 1982. (Zuerst 1969. Dt. Übers. unter dem Titel: Die Dialektik der modernen Lyrik. Von Baudelaire bis zur konkreten Poesie. München 1972.)

Höllerer, W. (Hg.): Theorie der modernen Lyrik. Dokumente zur Poetik
     I. Reinbek 1965.
Iser, W. (Hg.): Immanente Ästhetik – Ästhetische Reflexion. Lyrik als
     Paradigma der Moderne. München 1966.
Krolow, Karl: Aspekte zeitgenössischer deutscher Lyrik. Gütersloh
     1961.
Krolow, Karl: Ein Gedicht entsteht. Selbstdeutungen, Interpretationen,
     Aufsätze. Frankfurt a.M. 1973.
Kummer, Irène Elisabeth: Unlesbarkeit dieser Welt. Spannungsfelder mo-
     derner Lyrik und ihr Ausdruck im Werk von Paul Celan. Frankfurt a.M.
     1987.
Leonhard, Kurt: Moderne Lyrik. Monolog und Manifest. Ein Leitfaden.
     Bremen 1963.
Lorenz, Otto: Schweigen in der Dichtung: Hölderlin – Rilke – Celan.
     Studien zur Poetik deiktisch-elliptischer Schreibweisen. Göttingen
     1989.
Müller, Hartmut: Formen moderner deutscher Lyrik. Paderborn 1970.
Oelmann, Ute: Deutsche poetologische Lyrik nach 1945: Ingeborg Bach-
     mann, Günter Eich, Paul Celan. Stuttgart 1980.
Overath, Angelika: Das andere Blau. Zur Poetik einer Farbe im modernen
     Gedicht. Stuttgart 1987.
Rey, William H.: Poesie der Antipoesie. Moderne deutsche Lyrik: Gene-
     sis – Theorie – Struktur. Heidelberg 1978.
Saße, Günter: Sprache und Kritik. Untersuchung zur Sprachkritik der
     Moderne. Göttingen 1977.
Susman, Margarete: Das Wesen der modernen deutschen Lyrik. Stuttgart
     1910.
Vietta, Silvio: Sprache und Sprachreflexion in der modernen Lyrik. Bad
     Homburg v. d. H., Berlin, Zürich 1970.
Zeller, Michael: Gedichte haben Zeit. Aufriß einer zeitgenössischen Poe-
     tik. Stuttgart 1982.

D. Interpretationen

1. Bibliographie der Interpretationen

Schlepper, Reinhard: Was ist wo interpretiert? Eine bibliographische
     Handreichung für den Deutschunterricht. 6. erw. Aufl. Paderborn
     1980.
Schmidt, Heiner: Quellenlexikon der Interpretationen und Textanalysen.
     8 Bde. 2. Aufl. Duisburg 1985. Nachträge. 4 Bde. Duisburg 1987. (Per-
     sonal- und Einzelwerkbibliographie zur deutschen Literatur von ihren

Anfängen bis zur Gegenwart. [Berichtszeitraum 1945-1986]. Enthält nur deutschsprachige wissenschaftliche Literatur.)

2. Interpretationssammlungen

Bekes, Peter u. a.: Deutsche Gegenwartslyrik von Biermann bis Zahl. Interpretationen. München 1982.

Denkler, H. (Hg.): Gedichte der »Menschheitsdämmerung«. Interpretationen expressionistischer Lyrik. Mit einer Einleitung von K. Pinthus. München 1971.

Domin, H. (Hg.): Doppelinterpretationen. Das zeitgenössische deutsche Gedicht zwischen Autor und Leser. 8. Aufl. Frankfurt a.M. 1979 (u. ö.).

Gadamer, Hans-Georg: Poetica. Ausgewählte Essays. Frankfurt a.M. 1977.

Gedichte und Interpretationen. 6 Bde.
    Bd. 4: Vom Biedermeier zum Bürgerlichen Realismus. Hg. G. Häntzschel. Stuttgart 1983.
    Bd. 5: Vom Naturalismus bis zur Jahrhundertmitte. Hg. H. Hartung. Stuttgart 1983.
    Bd. 6: Gegenwart. Hg. W. Hinck. Stuttgart 1982.

Hinck, W. (Hg.): Geschichte im Gedicht. Texte und Interpretationen. Protestlied, Bänkelsang, Ballade, Chronik. Frankfurt a.M. 1979.

Hirschenauer, R., Weber, A. (Hg.): Wege zum Gedicht. 2 Bde.
    Bd. 1: Interpretationen deutscher Lyrik. 8. Aufl. München, Zürich 1972.

Kaiser, Gerhard: Augenblicke deutscher Lyrik. Gedichte von Martin Luther bis Paul Celan interpretiert. Frankfurt a.M. 1987.

Köhler, E. (Hg.): Sprachen der Lyrik. Festschrift für Hugo Friedrich zum 70. Geburtstag. Frankfurt a.M. 1975.

Lermen, Birgit, Loewen, Matthias: Lyrik aus der DDR. Exemplarische Analysen. Paderborn, München, Wien, Zürich 1987.

Lindemann, K. (Hg.): europaLyrik 1775 – heute. Gedichte und Interpretationen. Paderborn, München, Wien, Zürich 1982.

Mecklenburg, N. (Hg.): Naturlyrik und Gesellschaft. Stuttgart 1977.

Reich-Ranicki, M. (Hg.): Frankfurter Anthologie. Gedichte und Interpretationen. Bd. 1 ff. Frankfurt a.M. 1976 ff.

Riedler, R. (Hg.): Die Pause zwischen den Worten. Dichter über ihre Gedichte. München, Zürich 1986.

Schillemeit, J. (Hg.): Deutsche Lyrik von Weckherlin bis Benn. 126.–130. Tsd. Frankfurt a.M. 1976.

Urbanek, W. (Hg.): Begegnung mit Gedichten. 60 Interpretationen mit einem Essay von B. v. Wiese. 3. neubearb. Aufl. Bamberg 1977.

Wiese, B. v. (Hg.): Die deutsche Lyrik. Form und Geschichte. 2 Bde. Bd. 2: Interpretationen von der Spätromantik bis zur Gegenwart. Düsseldorf 1956 (u. ö.).

Personen- und Sachregister

Das Register in seiner Ausführlichkeit und Auffächerung soll innerhalb der individualisierenden Darstellung generalisierende Querverbindungen möglich machen. Es ist ein Personen- und *Sach*register, in dessen Sachteil es nicht um die Auffindung von Begriffen, sondern von Sachverhalten geht. Nicht immer, wo ein Begriff auftaucht, wird der Sachverhalt abgehandelt. Umgekehrt kann ein Sachverhalt angesprochen werden, ohne daß der Schlüsselbegriff fällt. Ich betone nochmals, daß mir die Literaturwissenschaft nicht in dem Maße formalisierbar, systematisierbar und terminologisch festlegbar erscheint wie etwa die Rechtswissenschaften oder die Naturwissenschaften. Das scheint mir keine Schwäche, sondern eine Eigenart, die allerdings die Herstellung eines Registers erschwert. Wo im folgenden Sachbegriffe bei äußeren Momenten der Form ansetzen (z. B. Metrum, Klanglichkeit, Bildlichkeit), werden nur solche Belege herausgehoben, die über den jeweiligen Textzusammenhang hinausgehende Ausführungen enthalten. Wo der substantielle Kern der Gedichte angesprochen wird (z. B. Thema, Motiv, Selbstreflexivität), wird auf den Einzelbeleg mit seiner je besonderen Abschattierung Wert gelegt. Generell ist zu beachten, daß das Register auswählt. Autoren wissenschaftlicher Literatur sind nur dann aufgenommen, wenn ihre Ausführungen Grundsatzfragen betreffen. Für Fehler, Auslassungen und Inkonsequenzen bitte ich um Nachsicht. Bereits der Umfang des Buches macht die Anfertigung eines Registers schwierig. Auch wenn wichtigere Belegstellen übersehen sein sollten, verweisen die Schlüsselwörter doch auf Gesichtspunkte der Darstellung.

Register der Gedichte und Interpretationen

Links steht die Nummer des Gedichts, rechts die Seite des Abdrucks im Textband, dann kursiv die Seitenzahl der Interpretation. Für weitere gelegentliche, oft vergleichende Erwähnungen dieser und anderer Gedichte siehe das Personen- und Sachregister.

Jahreszahlen, die im Textteil eingeklammert bei den Gedichten stehen, bezeichnen, wo nichts anderes vermerkt ist, das Jahr der Erstveröffentlichung.

Rechtevermerke

suhrkamp taschenbücher materialien

Brochs ›Tod des Vergil‹. Herausgegeben von Paul Michael Lützeler. stm. st 2095

Brochs ›Verzauberung‹. Herausgegeben von Paul Michael Lützeler. stm. st 2039

Paul Celan. Herausgegeben von Werner Hamacher und Winfried Menninghaus. stm. st 2083

Die deutsche Kalendergeschichte. Ein Arbeitsbuch von Jan Knopf. stm. st 2030

Deutsche Lyrik nach 1945. Herausgegeben von Dieter Breuer. stm. st 2088

Diskurstheorien und Literaturwissenschaft. Herausgegeben von Jürgen Fohrmann und Harro Müller. stm. st 2091

Tankred Dorst. Herausgegeben von Günther Erken. st 2073

Dramatik der DDR. Herausgegeben von Ulrich Profitlich. stm. st 2072

Marguerite Duras. Herausgegeben von Ilma Rakusa. stm. st 2096

Hans Magnus Enzensberger. Herausgegeben von Reinhold Grimm. stm. st 2040

Max Frisch. Herausgegeben von Walter Schmitz. stm. st 2059

Frischs ›Andorra‹. Herausgegeben von Walter Schmitz und Ernst Wendt. stm. st 2053

Frischs ›Don Juan oder Die Liebe zur Geometrie‹. Herausgegeben von Walter Schmitz. stm. st 2046

Frischs ›Homo faber‹. Herausgegeben von Walter Schmitz. stm. st 2028

Franz Grillparzer. Herausgegeben von Helmut Bachmaier. stm. st 2078

Peter Handke. Herausgegeben von Raimund Fellinger. stm. st 2004

Wolfgang Hildesheimer. Werkgeschichte. Von Volker Jehle. stm. st 2109

Wolfgang Hildesheimer. Herausgegeben von Volker Jehle. stm. st 2103

Friedrich Hölderlin. Studien von Wolfgang Binder. Herausgegeben von Elisabeth Binder und Klaus Weimar. stm. st 2082

Ludwig Hohl. Herausgegeben von Johannes Beringer. stm. st 2007

Ödön von Horváth. Herausgegeben von Traugott Krischke. stm. st 2005

Horváth-Chronik. Von Traugott Krischke. stm. st 2089

Horváths Stücke. Herausgegeben von Traugott Krischke. stm. st 2092

Horváths Prosa. Herausgegeben von Traugott Krischke. stm. st 2094

Horváths ›Geschichten aus dem Wiener Wald‹. Herausgegeben von Traugott Krischke. stm. st 2019

Horváths ›Jugend ohne Gott‹. Herausgegeben von Traugott Krischke. stm. st 2027

Horváths ›Lehrerin von Regensburg‹. Der Fall Elly Maldaque. Dargestellt und dokumentiert von Jürgen Schröder. stm. st 2014

suhrkamp taschenbücher materialien

suhrkamp taschenbücher materialien

251/4/8.90